(개정판)

안주와 불안에서 벗어나라

비즈니스 디벨로퍼

★★★★★

개정판

비즈니스 디벨로퍼

★★★★★

안주와 불안에서 벗어나라

구정웅 지음

BUSINESS DEVELOPER

두드림미디어

일단 슛을 해라. 시도하지 않는다면
골을 넣지 못할 확률은 100%다.

- 웨인 그레츠키(Wayne Gretzky) -

싹을 틔워라

부자의 첫걸음은 종잣돈을 모으는 것이라고들 한다. 하지만 아무리 많고 좋은 씨앗이 있더라도 그것을 좋은 땅에 뿌려 싹을 틔우지 못하면 열매를 맺어 수확할 수 없다. 싹을 잘 틔우려면 적절한 물과 햇볕, 바람이 있어야 한다. 아무 땅에나 뿌려놓고 기다린다고 해서 되는 것이 아니다.

사업개발이나 신사업 진출을 통해 성과를 내는 것은 씨를 뿌려 싹을 틔우는 것과 같다. 기업이 새로운 사업을 내재화해서 성과를 창출하기 위해서는 가지고 있는 자원과 역량이 무엇인지 정확히 분석해서 판단하고, 그것을 최대한 효율적으로 활용하고 고객이 만족할 만한 가치를 제공할 수 있어야 한다. 그렇게 하기 위해서 시장 분석, 경쟁 분석, 고객 분석, 포지셔닝 분석, 시스템분석 등이 이루어져야 하고, 적절한 투자와 평가가 수반되어야 한다. 사업개발은 단순히 만들어진 물건을 파는 영업이나 마케팅이 아니다. 새로운 고객과 새로운 시장을 창출해내는 일이다.

지경을 넓혀라

삶을 일과 인생으로 나눈다면 일은 대부분 무언가를 개척하는 작업의 연속이라고도 볼 수 있다. 지나온 역사를 돌이켜 보면 학문, 시장, 비즈니스, 기술, 고객, 도시, 부동산, 경제 등 다양하고 새로운 영역들이 끊임없이 개척되었다. 가끔 같은 일을 무한 반복하거나, 어떤 일을 하지도 않으면서 안정적인 삶을 살아가는 것처럼 보이는 사람들도 새로운 하루하루는 그 당사자들에게는 새로운 삶의 개척일 수 있다.

회사에서 세일즈를 하는 영업사원들은 매달 실적을 달성하고 평가받아야 하며, 고객의 요구조건을 듣고 맞춰가며 고생스러운 일을 하고 있는 사람들로 여겨지기도 한다. 하지만 직장생활을 하거나 창업을 하는 사람들 대부분은 언젠가는 자신의 가치나 자신의 제품을 마케팅하거나 판매하는 일을 하게 된다. 새로운 기회를 발굴하고 그 기회를 성과로 연결하며 성장하고 발전하게 되는 것이다.

　IT 분야에서는 새로운 프로그램이나 게임 또는 플랫폼을 개발하거나 제작하는 사람들을 '개발자'라고 부른다. 그런데 보통 디벨로퍼Developer는 부동산 분야에서 '개발사업자'를 주로 일컫는 말이다. 공공 디벨로퍼와 민간 디벨로퍼로 구분하기도 하는데, 사전적으로는 디벨로퍼를 시장의 수급상황과 부동산의 잠재력을 정확히 예측하고 판단해서 개발방안을 마련하고, 그 후의 단계들(기획, 용지확보, 설계 등)을 거치면서 아무도 눈여겨보지 않았던 부동산에 대한 새로운 가치를 창조하는 영업활동을 하는 사람들로 정의하고 있다. 한편, 해외의 새로운 시장, 유망 품목 발굴에서 최적 유통채널 분석 및 진입지원, 통관·배송, 사후관리까지 수출 전 과정에 걸쳐 통합 지원하는 글로벌 시장 개척 전문기업을 GMD Global Market Developer라고 하기도 한다. 그리고 산업 전 분야에 걸쳐 새로운 시장에 대한 개척의 요구가 확대되면서 이제는 비즈니스 디벨로퍼BD, Business Developer라는 새로운 직종의 전문가들이 다양한 분야에서 역할을 해나가고 있다.

4차 산업혁명 시대를 맞이하고 있는 우리들은 이제까지 역사에 없던 새로운 시장을 개척하며 맞이하고 있다. 그 개척은 멀고 위대한 것의 개척이기도 하지만, 우리 가까운 곳의 불편함을 편하게 바꿔주는 무언가이기도 하다. 황무지를 비옥한 땅으로 바꾸는 것도 개척이라고 하지만, 아무것도 심어져 있지 않던 땅에 무언가를 심어서 열매를 맺는 것도 개별적 개념의 개척이라고 할 수 있다.

이 책에서는 어떤 사람들이 시장을 개척하고, 시장을 개척하기 위해서 도전하는 사람들은 무슨 생각을 하고, 무엇을 해왔는지에 대해 이야기했다. 세상의 모든 시장 개척자는 도전하는 사람들이다. 그 도전에는 어려움도 있고 책임도 따르지만, 그들은 끈기와 인내를 가지고 결국 그 일을 이루어낸다. 그 결과물이 크던, 작던 또는 그것이 실패이던, 성공이던 그들은 그것을 이루어 내었다. 그들이 개척자다.

구정웅

contents

벗어나라

인생이란 폭풍이 지나가길 기다리는 것이 아니라
폭풍 속에서 춤추는 법을 배우는 것이다.

– 비비안 그린(Vivian Green) –

Chaos 불규칙 속에서
규칙을 찾아라

그리스 신화에서 태초의 '혼돈'으로 등장한 카오스^{Chaos}는 원래는 '텅빈 공간', 즉 무(無)를 의미한다. 그리고 카오스의 반의어이자 카오스 이후의 우주를 뜻하는 코스모스^{Cosmos}는 질서를 통해 만들어진 세계, 즉 유(有)를 의미한다. 카오스는 공기의 신으로 불리기도 하는데, 이는 불규칙의 혼돈이 질서의 코스모스로 가는 과정에서 빈 공간을 채우는 물질의 의미가 포함된 것으로 보인다. 그래서 코스모스를 이루는 존재의 바탕을 카오스라고도 한다.

외환위기와 세계 경제의 불안 그리고 코로나19 등을 거치면서 불확실성은 비즈니스뿐만 아니라 일반인들에게까지 일상사가 되어가고 있다. 불확실성은 불규칙하게 기업환경과 인생 가운데 자리 잡고 있으며, 그 가운데서 규칙을 찾아 질서를 만들며 새로운 세상을 만들어가고 있다.

복잡한 도시에서 생활하면서도 이제까지 가본 적이 없는 새로운 나라나 새로운 도시에 가서 운전하다 보면 복잡하게 얽혀 있는 도로의 교차로에서 어떤 차선으로 들어가서 어떻게 차선을 바꿔 빠져나와야 할지 애매하고 정신이 없을 때가 있다. 또는 새로운 지역으로 이사를 가서 이제까지와 다른 길로 출퇴근하면 뭔가 어색하고 복잡해서 '도로를 이렇게 설계할 수밖에 없었나?' 하는 생각이 들기도 한다. 하지만 하루, 이틀 같은 길을 지나다 보면 어느새 익숙해져서 자신만의 규칙에 따라 자연스럽게 차선을 바꿔가며 쉽게 목적지에 도달할 수 있게 된다.

불규칙한 불확실성 가운데 질서를 찾아서 규칙을 만들어가는 일의 선두에 있는 사람들 중의 하나가 개척자라고도 하고, 사업개발자라고도 하는 비즈니스 디벨로퍼BD, Business Developer다. 비즈니스 디벨로퍼는 무질서에서 질서를 찾아내고 있는 불확실성 속에서 질서를 찾아서 새로운 규칙과 방법을 만들어 제시할 수 있어야 한다.

일반적인 조직원들은 안정을 추구한다. 때로는 체계적이고 발전적인 시스템의 도입을 통한 업무의 변화도 비전에 따른 성장보다는 리스크 없는 현상의 유지를 바란다. 늘 같은 업무, 늘 같은 시스템, 늘 같은 조직이 안정을 가져다주는 것으로 믿는다. 하지만 현재의 불규칙한 불확실성은 마치 바다에 떠 있는 배와 비슷하다. 항해사들이 항로를 찾아 움직이지 않는다면, 배는 아무 곳으로도 가지 못하고 떠 있다가 폭풍우를 맞아 침몰할 위기에 처하게 된다. 항해사들이 항해원칙을 만들어 사용하는 것과 마찬가지로 무질서 중에 질서를 찾아내서 규칙을 만들고 지키며 다른 규칙을 만들어내는 일에 익숙해져야 한다.

개척자는 이미 주어진 항해원칙이나 표준지도에만 의존하지 않는다. 남들이 만들어놓은 지도와 규칙에 따라 항해하기에는 현재의 불확실성이 너무 크고, 새로운 길을 찾아내서 항해하는 데 별로 도움이 되지 않는다. 상황에 따라서는 통제 밖에 있는 것보다 통제 속에 있는 것들 때문에 더 불확실한 상황을 맞이하게 되기도 한다. 그래서 스스로 기존의 틀에서 벗어나 자신만의 항해규칙을 만들어 익숙해지려는 도전들이 점점 더 크게 필요해지고 있다. 나만의 항해규칙을 만드는 것은 무(無)에서 유(有)를 창조하는 것만은 아니다. 기존의 질서와 규칙을 기반으로 학습과 통계 및 분석을 통해 새로운 규칙을 만들어 불확실성을 해소해내며 한 발짝 한 발짝 나아가는 것이다.

Certainty 기업가 정신과 사업개발자

오스트리아 출신의 미국 경제학자인 조지프 슘페터Joseph Alois Schumpeter는 '창조적 파괴'라는 용어를 널리 알린 것으로 유명하다. 그는 '무언가를 창조해내고 자신의 에너지와 재능을 발휘하는 데 즐거움을 느끼는 사람' 그리고 '어려움을 피하지 않고 변화를 모색하는 사람'을 '기업가'라고 했다. 그리고 그 행동과 사고를 '기업가 정신'으로 정의했다.

기업가Entrepreneur라는 단어는 프랑스어로 '시도하다' 또는

'모험하다'라는 뜻의 'Entreprendre'에서 유래했다. 그래서 기업가 정신Entrepreneurship은 '위험을 무릅쓰고 포착한 기회를 사업화하려는 모험과 도전의 정신'으로 설명되기도 한다. 즉, 기업가는 안정을 벗어나 위험을 무릅쓰며 역경을 극복한다. 그리고 그렇게 해서 얻은 것을 사회에 나누어 환원한다. 최근에 기업이나 비즈니스에 대한 투자의 지속 가능성과 사회에 미치는 영향을 측정하는 3가지 핵심요소인 '환경', '사회', '기업 지배구조'Environmental, Social and Corporate Governance, ESG가 강조되는 이유도 기업가 정신과 일맥상통한다.

기업가는 확실한 것을 얻으려는 목표를 가지고 불확실한 곳으로 뛰어든다. 그 불확실성 속에서 남들이 발견하지 못한 확실한 것을 찾아낸다. 그리고 그것을 기회라고 부른다. 보통 사람들은 안정되고 편안한 곳을 확실하다고 느낀다. 하지만 기업가들은 그곳을 더 불확실하다고 느끼고, 이제까지 가보지 못한 미지의 세계가 오히려 확실한 것으로 느낀다. 왜냐면 그들은 외부 환경, 변화에 민감하게 대응하면서 항상 기회를 추구하고 그 기회를 잡기 위해 혁신적인 사고와 행동을 하고, 그로 인해 시장에 새로운 가치를 창조하고자 하는 생각과 의지를 가진 사람들이기 때문이다.

만일 사업가Businessman를 '이윤을 목적으로 한 사업에서 일하는 사람'이나 '경영활동의 전체적 수행을 지휘, 감독하는 경영자'로 정의한다면 그 정의에서 기업가와 사업가의 차이점을 알 수 있다.

조직 내에서 다수의 조직원은 맡겨진 일에 최선의 노력을 다해 성과를 낸다. 그리고 그 가운데 기업가 정신을 가진 조직원들은 사업개발자로서 역할을 할 수 있다. 기업가 정신을 가진 모든 조직원이 창업하는 것은 아니다. 오히려 훌륭한 기업가들은 기업 내에 보다 많은 인재에게 기업가 정신을 심어 함께 혁신하며 발전할 수 있도록 만든다. 좋은 사업개발자들은 위험을 무릅쓰고 역경을 극복하며 더 나은 가치를 조직과 고객에게 제공한다.

Creation 비즈니스 디벨로퍼

비즈니스 환경이 빠르게 바뀌면서 거기에 적응하지 못하면 어느새 뒤처지게 되고 새로운 강자가 나타나 금방 선두자리를 내주게 된다. 이제는 노동력과 생산성보다는 새로운 시장을 발굴해서 고객에게 어떤 가치를 제공하느냐 하는 것이 경쟁력이 되었다. 가장 우수하고 가장 값싼 제품보다 고객의 감성을 어떻게 자극하고 어떤 만족감이나 행복감을 주느냐 하는 것이 더욱 중요해졌다.

새로운 시장 창출이나 고객을 만족시키는 사업개발은 사람의 창의적인 아이디어를 통해 시작되고 그 일을 하는 비즈니스 디벨로퍼의 역할이 점차 크고 다양해지고 있다. 비즈니스 디벨로퍼는 새로운 비즈니스 부가가치를 창출하는 일을 하는 사람들을 말한다. 이들은 우선 비즈니스의 가치를 찾아서 만들어내는 창조적인 통찰과 의지가 필요하다.

그리고 그 비즈니스의 가치를 극대화할 수 있도록 자기 자신은 물론, 내외부의 자원을 충분히 활용해서 성과를 창출할 수 있어야 한다. 최근에 대기업이나 중소기업은 물론이고 스타트업이나 1인 기업까지 비즈니스 디벨로퍼의 기능을 주요하게 생각하게 되었고, 이는 단순히 생산, 영업, 경영의 차원을 뛰어넘어 비즈니스의 분석을 통한 고객가치를 창출하는 광범위하고도 중요한 역할로 점차 발전하고 있기 때문이다.

지금은 누구도 기존의 사업만으로 안주할 수 없는 세상이다. 회사는 전사적으로 신사업 발굴에 노력을 하고 있고, 새판을 짜서 차세대 신성장 동력을 육성해서 새로운 먹거리로 만들기 위해 최선을 다한다. 이를 위해 기업이나 개인은 많은 시간과 자원을 투자한다. 하지만 모든 사업개발이 성공할 수 없다. 고객에게 어떤 높은 가치를 제공할 것인가 하는 것이 시작이다. 내가 아무리 좋은 제품을 아무리 싸게 잘 만들었다고 하더라도 고객이 나에게 그 대가를 합리적으로 지불하지 못하는 비즈니스라면 그 비즈니스로 기업이 운영되기는 어렵다. 비즈니스 디벨로퍼들이 하는 역할은 섬세하기도 하고 거시적이기도 하다. 그리고 큰 성공을 거둘 수도 있지만 매우 모험적이기도 하다. 과연 어떤 비즈니스 디벨로퍼가 어떤 마음가짐과 의지와 자원을 가지고, 어떤 네트워크와 프로세스를 통해 목표에 도달할 수 있을지는 그렇게 단순한 문제는 아니다.

비즈니스 디벨로퍼는 새로운 시장과 사업을 끊임없이 찾고 개발해서 새로운 기회를 창출하는 역할을 담당하는 기회개발자다. 그 주요 역할은 다음과 같다.

- 시장 조사/트렌드 파악
- 산업 리서치
- 사업 딜 개발
- 파트너 개발
- 전략 분석
- 딜 요구사항 검토
- 투자 및 수익 분석
- 자문/컨설팅
- 경쟁 분석
- 포지셔닝 분석
- 리스크 분석

· 협상 및 계약

· 경영자 및 투자자 협의

· 업계 네트워크

· 내부 커뮤니케이션

· 성과 분석

그 임무를 달성하기 위한 역량은 다음과 같다.

· **전문성** : 분야 및 아이템을 전문적으로 세밀하게 알고 수행할 수 있는 능력

· **습득력** : 새로운 시장에 대한 지식 습득 능력

· **이해력** : 프로젝트와 고객이 요구하는 행간의 숨은 의미까지 이해하는 능력

· **통찰력** : 전체 그림을 읽고 시작과 끝은 넓게 통찰하고 예측할 수 있는 능력

· **영업력** : 고객이 필요한 것을 읽고 교감하며 솔루션을 제시할 수 있는 능력

· **전달력** : 나의 목표와 의지를 정확하고 부드럽게 전달할 수 있는 발표 능력

· **균형감** : 한쪽으로 치우치지 않고 타이밍과 에너지를 안배하는 관리 능력

· **관리력** : 자원, 시기, 목표, 성과를 일사불란하게 관리할 수

안주와 불안에서 벗어나라 **비즈니스 디벨로퍼**

있는 능력

· **적중력** : 가능한 목표를 계획하고 이를 달성하는 적중 능력
· **마무리** : 거래를 마무리해서 결과를 창출하는 성사 능력

<u>Chanel</u> 자유를 주어라

샤넬Chanel은 대표적인 명품 브랜드 중의 하나다. 샤넬은 고객들에게 편리함과 자부심을 제공한 것 외에 창조적이고 혁신적인 기술경영전략으로 세상에 없던 새로운 제품을 내놓아 시장을 개척해서 성공한 것으로도 유명하다.

샤넬의 창업자인 가브리엘 보뇌르 샤넬Gabrielle Bonheur Chanel은 1883년에 프랑스에서 태어났다. 12세에 어머니가 돌아가시고 아버지에게 버려져 어려운 유년시절을 보냈다. 1903년에 낮에는 포목상 점원으로 일하면서 저녁에는 술을 파는 카페에서 코코리코 퀴쿠아부코코KoKoRiKo Qu'a Vu Coco라는 노래를 불렀는데, 이때부터 코코 샤넬CoCo Chanel이라는 예명을 쓰면서, 이후 현재의 샤넬 로고인 C가 두 개 겹쳐진 로고가 만들어진 것으로 알려지고 있다.

샤넬의 브랜드로 첫 창업을 한 것은 1910년 파리 캄봉Cambon 거리의 모자전문점이다. 이후 복장사업, 향수사업, 가방사업 등의 성공으로 샤넬은 명실공히 20세기 최고의 패션디자이너이자 패션사업가가 되었다. 샤넬은 끊임없이 변화했으며 그 중심에 신념과 원칙을 지켰다. 그 신념과 원칙에는 패션이 편리함과 단순함, 자부심을 줄 수 있어야 한다는 것이다. 거추장스러운 매듭이나 레이스 또는 주름이나 자수는 최대한 줄이고 실용적이면서도 화려한 작품을 만들어냈다. 그 이전까지 여성들이 미용을 위해 허리를 강제로 조이는 복대인 코르셋과 같은 강제된 패션에 갇혀 있던 것에서 자유를 줄 수 있는 패션을 만들고자 했다.

당시 남성 속옷과 선원들의 티셔츠에 주로 쓰이던 소재인 저지Jersey를 여성복에 활용해서 성공시켰고, 오랫동안 여성들의 기본 패션 아이템으로 자리 잡기도 한 리틀 블랙 드레스Little Black Dress, LBD의 디자인을 개발하기도 했다. 그리고 남성복에서 아이디어를 얻어 사각형의 짧은 스커트로 두 개나 네 개의 주머니를 앞쪽에 배치해서 만든 샤넬 수트Chanel Suit와 어깨에 메는 군인들의 가방에서 아이디어를 얻어서 여성들이 어깨에 걸치고 손을 자유롭게 쓸 수 있도록 만들었다고 하는 퀼팅체인백Quilting Chain Bag도 유명하다.

샤넬의 마케팅 담당자였던 진 헨 짐머맨은 "샤넬은 고객에게 상품을 제공하는 것이 아니라 정신을 제공한다"라고 하면서 기존의 전통과 원칙을 지키면서도 품격과 가치관을 향상시킬 수 있는 마케팅전략을 구사했다고 한다. 샤넬이라는 브랜드가 만들어진 지 100년이 넘도록 샤넬은 끊임없이 자신만의 아이덴티티Identity를 구축하며 발전시키고 있다. 자신의 세계에만 갇혀서 고집을 피우지 않고 끊임없이 세상 및 기술과 소통하며 브랜드 가치를 향상시켜나가고 있는 것이다. 또한, 자신의 기준과 원칙을 끝까지 유지하며 변화와 혁신을 지켜나가고 있다. 나의 기술과 제품에만 갇혀 남들이 알아주지 않는 것에 불평하는 것이 아니라 끊임없이 상대방이나 고객과 소통하며 자유와 편리함과 품격을 제공해주는 것, 이것이 비즈니스 디벨로퍼가 하는 일이다.

Competition 벗어
나라

코카콜라는 코카Coca 나뭇잎과 콜라Cola 열매를 주원료로 사용해서 1886년 미국 조지아주에서 존 펨버튼John Pemberton이 진통제로 만든 것이 그 시작이다. 그 이전에 프렌치 와인 코카French Wine Coca라는 이름의 와인으로 판매되기도 했지만, 알콜금지법이 생기면서 시럽과 탄산을 가미한 음료의 형태로 만들어졌다. 펨버튼이 처음에 이것을 애틀랜타의 야콥약국Jacob's Pharmacy에

납품하게 되었고, 그 야콥약국의 직원이었던 프랭크 로빈슨Flank Robinson이 '코카'와 '콜라'를 합쳐서 '코카콜라Coca-Cola'라는 이름을 탄생시켰다.

이후 펨퍼튼의 지분은 몇 명에게 나뉘었는데, 그중에서 코카콜라의 잠재력을 높이 평가한 아사 캔들러Asa Candler가 지분을 모두 사들여 1891년에 소유권과 독점사업권을 가지게 되면서 결국 코카콜라의 경영권은 아사 캔들러에 넘어간다. 아사 캔들러는 1892년에 형인 존 캔들러John S. Candler와 팸버턴의 사업파트너이자 '코카콜라'라는 브랜드를 처음 만든 프랭크 로빈슨과 함께 '코카-콜라 컴퍼니The Coca-Cola Company' 법인을 설립해서 본격적으로 사업을 확장시켰다.

당시 아사 캔들러가 지분을 사들이는 데 투자한 금액은 수천 달러였지만, 이후 1919년 어니스트 우드러프Ernest Woodruff에게 회사를 매각한 금액은 2,500만 달러였다. 우드러프가 인수한 이후에는 1928년에 암스테르담 올림픽과 1930년 우루과이 월드컵 등 세계적인 스포츠경기와 인연을 맺기 시작했고, 1931년부터는 산타클로스를 광고에 활용하면서 크리스마스 하면 생각나는 음료로 만들어놓기도 했다.

2023년 4월 기준, 코카콜라의 시가총액은 한화 약 358조 원이며, 워렌 버핏Warren Buffett이 30년 넘게 대주주로 있다. 지금의 모습이 되기까지 코카콜라는 단순히 좋은 레시피와 그 레시

안주와 불안에서 벗어나라 **비즈니스 디벨로퍼**

피의 보안 유지 외에 생산, 판매, 마케팅 등 모든 경영 부문에서 끊임없는 변화를 이어왔다. 어떤 사람들은 코카콜라와 같이 정해진 레시피를 만들고, 그 레시피에 따라 제품을 생산해서 판매만 하면 되는 비즈니스를 만들기를 꿈꾼다. 하지만 펨버튼이 새로운 시장에 눈뜨지 않고, 캔들러가 새로운 생산방식과 유통방식을 시도하지 않고, 우드러프가 새로운 마케팅을 시도하지 않았거나 지속 발전시키지 않았다면, 지금 모습의 코카콜라를 보기는 어려웠을 것이다.

고집스럽게 한 우물만 파서 성공에 이르는 장인정신을 가진 사람들은 존경할 만하다. 고집스럽게 원하는 목표를 이루는 사람은 자신의 신념을 가지고 있다. 단지 성격상 고집스러운 사람과는 차원이 다르다. 고집스럽게 성공하는 사람들은 항상 새로운 것에 도전한다. 자신의 아집에 빠져 있거나 자신만의 세상에 빠져 있지 않다.

경쟁력을 가진 사람은 경쟁에서 벗어난다. 경쟁자들이 하고 있는 개발방식, 생산방식, 제조방식, 마케팅방식, 경영방식과 다르게 한다. 하던 일에서 빠져나와 다른 일을 하는 것이 아니라 같은 방식을 벗어나서 경쟁력이 있는 방식으로 경쟁자들을 따돌린다. 예를 들어 누군가 부동산에 투자하기로 마음먹었다면 가격이 비교적 투명하게 공개되어 있고 매매가 잘되는 아파트를 골라서 매매하게 될 것이다. 일반적인 아파트도 누구나 매매할 수 있지만 아무나 투자자가 되지는 않는다. 만일 아파트를 전문적으로 매매하는 투자자가 되기로 마음먹는다면 곧바로 그 시장에서 많은 사람들이 경쟁을 치열하게 하고 있고, 세금을 부과하는 구조나 규제가 촘촘하게 구축되어 있어서 실거주를 위한 매매가 아니라면, 전업 투자자로서 수익을 내며 직업을 대신하는 것이 그리 쉽지만은 않은 것을 알아차릴 수 있게 된다.

부동산을 매매하는 방식에는 일반적으로 공인중개사를 통해 하는 일반매매도 있지만, 경매나 분양권에 참여하거나 직접 땅을 사서 건물을 지은 후 매매를 하는 등 다양한 방식이 있다. 그리고 그 종류에도 아파트, 빌라, 주택 외에 토지, 공장, 창고, 상가, 사무실, 재건축, 재개발, 고시원, 오피스텔, 원룸 등 다양하다. 경매에 참여하기 위해서 물건을 검색하려고 하면 일정별, 법원별, 감정가별, 면적별 구분 외에 다양한 테마별 또는 종류별로 구분된 물건들을 검색할 수 있다. 다양한 시장들이 존재한다.

우리가 아는 성공한 기업의 창업자들은 대부분 현재의 사업 모델로 사업을 시작하지 않았다. 삼성의 이병철은 정미소로, 현대의 정주영은 쌀가게로, LG 구인회는 포목점으로, 카카오의 김범수는 인터넷 게임으로, 아마존의 제프 베이조스Jeff Bezos는 인터넷서점으로, 테슬라의 일론 머스크Elon Musk는 온라인 결제시스템으로 사업을 시작했다. 시대와 시장 그리고 고객이 바뀌면서 그들은 하던 일을 포기하지 않고, 끊임없이 어딘가로부터 벗어나서 새로운 곳으로 향해갔다. 내가 보지 못하는 세상은 내가 보고 아는 세상보다 훨씬 넓고 크고 다양하다. 내가 알고 있는 세상과 소신에서 조금씩 벗어나 새로운 도전을 하는 것이 경쟁력을 만들고 세상을 바꾼다. 전통과 존경심과 기본을 유지하되 새로운 방식으로 벗어나라.

<u>Call</u> 마진
콜

주식 용어 중에서 콜옵션Call option과 풋옵션Put option이 있다 콜옵션은 '살 수 있는 권리', 즉 매입선택권을 말하며 풋옵션은 '팔 수 있는 권리, 즉 매도선택권을 말한다. 선물, 옵션, 파생상품 같은 용어는 어렵게 들리고 실제로 투자할 때에도 다양한 상황에 따라 기회와 리스크가 동시에 존재하며 부담이 크기 때문에 초보 투자자들에게 잘 추천되지 않기도 한다. 옵션에 대한 쉬운 설명으로 많이 활용되는 것이 배추 값이다.

배추 유통업자가 어느 봄날, 그해 가을에 배추 한 포기 가격이 10,000원 정도 될 것으로 예상하고 배추를 재배하는 농부에게, "제가 올해 가을에 배추 한 포기에 3,000원씩 10,000포기를 총

3,000만 원에 사는 계약을 하고 싶습니다. 대신 제가 그때 사지 않으면 300만 원을 드리겠습니다"라고 하면서 계약을 한다면 이것은 콜옵션 계약, 즉 살 수 있는 권리에 대한 계약을 하게 되는 것이다. 가을이 되어서 콜옵션을 행사한다면 약속했던 배추 한 포기당 3,000원을 주고 10,000포기를 사는 것이고, 콜옵션을 포기한다면 300만 원을 농부에게 주는 것이다.

반대로, 이번에는 배추를 재배하는 농부가 가을에 배추 가격이 떨어질 것을 예상하고 배추 유통업자에게 "제가 올해 가을에 배추 한 포기에 3,000원씩 10,000포기를 총 3,000만 원에 파는 계약을 하고 싶습니다. 대신 제가 그때 팔지 않으면 300만 원을 드리겠습니다"라고 하면서 계약을 한다면 이것을 풋옵션 계약, 즉 팔 수 있는 권리에 대한 계약을 하게 되는 것이다. 가을이 되어서 풋옵션을 행사한다면 약속했던 배추 한 포기당 3,000원을 주고 10,000포기를 파는 것이고, 풋옵션을 포기한다면 300만 원을 배추 유통업자에게 주는 것이다.

케빈 스페이시Kevin Spacey 주연의 영화 〈마진 콜〉은 2008년 서브프라임 모기지 사태 직전, 월스트리트의 한 금융사에서 벌어지는 금융 시장의 탐욕과 금융인의 모럴 헤저드Moral Hazard를 다루었다. 마진 콜은 헤지펀드 등이 이끄는 선물이나 투자 상품에 손실이 발생했을 때 증거금이 모자라면 이를 보전하도록 요구하는 것을 말하는데, 이때 증거금의 부족한 금액을 채우라는

'전화Call를 받는다'라는 뜻에서 붙여진 용어다. 마진 콜을 받으면 투자자 및 금융회사는 빠르게 증거금을 보전해야 하고, 만일 마진 콜에 응하지 못하면 거래소는 반대매매를 통해 계약을 끝낸다.

영화에서 리스크 팀장이었던 에릭이 과거에 본인이 엔지니어로 일하던 시절, 소도시에 다리를 놓은 경험을 이야기하는 장면이 나온다. 300m밖에 되지 않는 작은 다리였지만 이 다리를 하루에 건너는 사람의 수에 일수와 연수를 곱해서 계산하고, 그리고 만일 그 다리가 없었다면 사람들이 멀리 돌아서 다리 건너편에 다다르기 위해서 사용했어야 할 시간과 비용 등을 고려했을 때 그 다리가 얼마나 큰 효용과 이로움을 사람들과 그 지역사회에 제공했는지 피상성을 드러내며 설명한다. 썩 그럴듯해 보이고 실제로도 그 다리를 이용했던 사람에게는 많은 도움이 되었을 것이다. 하지만 그것은 자본주의에서 금융시스템이 사람들에게 큰 도움을 주는 것이지만, 금융사태를 통해 실제로 피해를 가장 크게 입는 것은 그 시스템을 설계하고 운영하는 사업자보다는 그 시스템을 이용하는 서민 투자자들이라는 것을 영화에서 표현하고자 했던 것처럼 보인다.

사업개발이나 신사업 진출은 세상을 바꾸고 그 개발을 통해 사업개발자 스스로와 많은 사람에게 현재에 비해서 발전과 이로움을 준다는 명분을 가지고 시행된다. 하지만 때로 그 가운데 많은 희생이 따르기도 하고, 효용의 가치에 따라 실기하는 경우가 동시에 공존하므로, 개발과 발전 자체가 모든 것을 해결해줄 수 없음을 가능한 한 많이 공감할 수 있어야 한다. 또한, 그 사업이 실패했을 때 가장 큰 피해를 입는 쪽은 가장 힘이 없고 약한 쪽이 될 수 있다는 것에 대해서도 도덕적 양심이 그 사업개발계획서 어딘가에 들어가 있어야 한다.

Charles' law 바람이 분다

바람은 고기압에서 저기압으로 공기가 이동하는 것을 말한다. 고기압과 저기압이 만들어지는 데는 온도의 영향이 가장 크다. 공기는 차가운 곳에서 수축하기 때문에 무거워지고, 무거워진 공기가 하강 기류를 만들면 이 지역에 고기압이 나타나게 된다. 더운 곳의 공기는 팽창해서 가벼워지고, 상승 기류가 생기면 그 공간에 결과적으로 저기압이 나타나는데, 이 기압의 차에 의해 생기는 공기의 흐름이 바람이다.

바람이 없다는 것은 공기의 흐름이 없다는 것을 의미한다. 공기가 계속 한곳에만 머무른다는 것이다. 차가운 공기도 계속 그 자리에만 있고 뜨거운 공기도 계속 그 자리에만 있다면, 차가운 공기가 있는 곳은 계속 차가워지고 뜨거운 공기가 있는 곳은 한없이 뜨거워진다. 즉, 날씨가 극단적으로 바뀌는 것이다. 북극이나 남극은 훨씬 추워지고, 햇빛을 더욱 많이 받는 적도는 더욱 뜨거워질 것이다. 바람이 불기 때문에 지구의 각 지역의 온도가 평균적으로 유지될 수 있는 것이다. 바람이 불지 않으면 전체 생태계가 바뀌게 되고, 적도나 극지방은 생명체가 살 수 없는 곳으로 바뀌게 된다.

한국은 사계절이 존재하는 지역이다. 사계절이 존재하는 데는 여러 가지 이유가 있지만 바람의 영향도 크다. 여름에는 남쪽의 습하고 무더운 바람의 영향을 많이 받고, 겨울에는 차갑고 건조한 북쪽 시베리아 바람을 맞는다. 바람이 있기 때문에 전체적으로 온도 조절이 된다. 이런 바람이 없다면 한국의 여름은 살 수 없을 만큼 뜨거워질 것이고 겨울도 더 추워질 것이다. 러시아는 춥지만 바람이 덜 불고, 한국은 러시아보다 기온이 낮지만 바람이 많이 불기 때문에 더 춥게 느껴진다. 러시아 사람들이 한국에 와서 더 춥게 느끼는 이유는 이런 이유 때문이다. 바람이 불지 않으면 구름이 한곳에만 머물게 된다. 구름은 물이 증발해서 만들어진 것인데 물 근처에만 구름이 만들어지는 것이다. 물 근처 지역에는 비가 내리는 날이 많고, 물과 먼 땅은 비가 내리지 않으니 사막이 될 것이다. 그 지역에는 농사도 지을 수가 없다. 물이 많아서 구름이 많아지고 비가 너무 많이 내리는 지역도 마찬가지다. 전 세계가 기근에 빠져 살 수 없이 될 것이다. 생태계가 무너지면 끝이다.

진공상태는 공기의 흐름이 없는 안정된 상태로 사람이 살아나갈 수 있는 환경은 아니다. 바람은 위기와 기회를 제공하고 그 바람을 통해 생태계를 유지하며 살아간다. 이것은 사람의 삶도 그렇고, 비즈니스의 운영도 마찬가지다. 바람이 불고 비가 올 것을 예상하지 못한다면 살아나가기 어렵다.

성공하는 기업들은 위협과 기회를 수치화해서 관리하며 활용한다. 문제와 위기는 바람과 비처럼 온다. 때로는 폭풍도 오고 폭우도 쏟아진다. 이 바람과 비를 수치화해서 활용하는 조직은 위기를 극복하고 기회를 맞겠지만, 왜 나에게 이런 바람과 비가 오는가 하면서 마치 일어나지 않아야만 할 일이 일어난 것처럼 전혀 준비도 대응력도 없는 조직은 그 상황을 극복한 후 원하는 목적지에 도달하기는 어려울 것이다.

바람과 비는 자연현상이다. '승풍파랑(乘風破浪)'은 "바람을 타고 끝없는 파도를 건너다"라는 의미다. 바람과 파도가 없다면 혼자서 노만 저어서는 넓은 바다를 건너 목적지인 바다 건너편에 도달할 수 없다. 바람을 타고 파도를 넘어 바다를 건너는 것이 사업개발이다.

Course Management 코스 매니지먼트

　미국 캘리포니아의 리비에라CC 등 20여 개 이상의 유명한 골프코스를 설계한 20세기 초 미국의 위대한 코스설계가 중 하나인 조지 토마스George C. Thomas Jr.는 《Golf Architecture of America, Its Strategy & Construction》의 저자기도 하다. 그는 전략적 골프에 대해서 골프코스의 전략이란 골프게임의 본질이라고 했다. "골프코스의 전략은 골프의 영혼이다. 골프의 정신은 위험을 무릅쓰는 사람은 협상을 통해 보상을 얻게 된다. 반면, 캐리 문제를 두려워하거나 거부하는 사람은 세컨 샷을 더 길거나 어렵게 치는 것이다. 그러나 현명하지 못한 노력을 피하는 사람은 자신의 라이Lie보다 더 많은 것을 시도하거나 시험에서 실패한 사람보다 유리하다"라고 설명하기도 했다.

　골프의 스코어는 매번의 스윙 정확도와 함께, 전체적인 골프코스의 이해를 통해 어떤 전략으로 코스별 샷과 매 홀에 대한 스코어를 관리하느냐 하는 '코스 매니지먼트'가 큰 작용을 한다. 특히 아마추어 골프에서 골프클럽을 다루는 실력은 비슷해 보이는데 스코어 카드에서 스코어 차이가 나는 것은 구력의 차이에 따르기도 한다. 결국 이것은 많은 경험을 통해 코스를 어떻게 운영해 나가느냐의 차이로 인한 것이다.

골프의 코스 매니지먼트는 티 샷, 세컨 샷, 어프로치, 퍼팅에 대한 전략을 짜고 플레이하는 것이다. 플레이를 잘하려면 코스에 대한 이해와 함께 본인의 스윙이나 구질, 비거리에 대해서도 잘 알고 있어야 한다. 긴 클럽을 잡았을 때 슬라이스나 페이드가 많이 나는 구질이라면 그에 따른 자신만의 규칙과 코스관리가 필요하다. 코스의 휘어짐이나 바람의 정도에 따라 높거나 낮게 쳐야 할 때도 있고, 충분히 멀리 칠 수 있지만 짧게 끊어서 쳐야 할 때도 있다. 무리하면 벙커나, 헤저드에 빠지거나 경기장 밖으로 공이 나가서 상대방과 점수 차를 안은 상태에서 어려운 극복의 과정을 다시 거쳐야 한다.

비즈니스를 하다 보면 빠른 기술이나 시장의 변화 외에 인허가, 규제, 면허 등 나의 능력을 벗어나는 다양한 상황들이 생긴다. 벙커나 헤저드, OB가 없는 골프를 생각할 수 없는 것처럼 비즈니스를 하는 데 아무런 장애물이 없을 것으로 기대하고 비즈니스에 뛰어드는 사람이 있다면 그것은 큰 착각이다. 골프나 비즈니스에 도전하라고 하는 것은 시작하기만 하면 나 혼자의 힘만으로 승승장구하며 곧바로 큰 성과를 이루어 성공할 수 있을 것이라고 부추기는 것이 아니다. 모든 과정에는 생각하지 못한 나의 생각과 능력을 벗어나는 무질서와 불확실성이 존재한다. 그것들을 극복해나갈 것이라는 마음의 준비와 훈련을 통해서 도전하라고 북돋우는 것이다. 비록 그 준비나 훈련이 100%

완성되지 않았더라도, 다음 단계로 넘어갈 수 있는 많은 도구들과 규칙 그리고 좋은 동반자들의 도움을 받을 수도 있다. 자신감을 가지고 티잉그라운드^{Teeing ground}에 설 수 있어야 한다. 그리고 가느다랗고 약하게 보이는 티^{Tee}에 근근이 골프공을 올려놓았지만, 그 도움을 받아서 멀리 드라이버를 쳐낼 수 있다.

Consensus 블록체인
경영

블록체인이란 관리 대상 데이터를 '블록^{block}'이라고 하는 소규모 데이터들을 P2P^{Peer to Peer}방식을 기반으로 생성된 체인 형태의 연결고리 기반 분산 데이터 저장 환경에 저장해서 누구라도 임의로 수정할 수 없고, 누구나 변경의 결과를 열람할 수 있는 분산 컴퓨팅 기술 기반의 원장 관리 기술을 말한다. 이 개념의 중심에는 탈중앙화가 있다. 블록체인 기술은 암호화폐^{Crypto Currency} 거래에 사용된다. 암호화폐의 거래과정은 분산된 전자장부에 쓰이기 때문에 블록체인 소프트웨어를 실행하는 많은 사용자들의 각 컴퓨터에서 서버가 운영된다. 중앙에 존재하는 은행 없이 개인 간의 자유로운 거래가 가능해지는 것이다.

또한, 블록체인의 가장 중요한 개념 중의 하나는 컨센서스 Consensus, 즉 '합의'다. 데이터는 중앙화된 서버 대신 전 세계에 흩어져 있는 수많은 노드Node에 보관되기 때문에 각각의 노드들은 블록에 기록하는 데이터가 위조나 변조되지 않은 원본이라는 것을 서로 합의하는 과정을 거친다. 만일 블록을 생성하는 특정 노드가 악의적으로 조작된 데이터를 저장하거나 네트워크에 전파한다면 시스템 전체의 신뢰도가 떨어지게 된다. 이런 상황이 발생하더라도 네트워크를 올바른 방향으로 이끌고자 하는 다수의 노드들이 상호 검증을 거쳐 올바른 블록 생성을 이끌어 내는 프로세스와 알고리즘을 바로 컨센서스라고 한다. 기존에 중앙에서 모든 것을 통제하며 관리했을 때 신뢰도가 향상되던 것이 이제 분산을 통해서도 시스템과 신뢰도를 유지할 수 있는 이유가 이 컨센서스를 통해서다.

탈중앙화를 통한 분산과 컨센서스를 통해 다양한 사업개발의 기회가 있다. 금융과 에너지, 교육, 의료 등 다양한 분야에서 분산을 통한 관리가 이루어지고 있고 점차 그 시장은 확대될 것이다. 그리고 코로나19는 그 속도를 가속화시켰다.

기존의 게임이론의 가치망 내에도 회사, 고객, 대체자, 보완자, 공급자가 있다. 게임에 참여한 참여자들은 그중 하나의 역할을 맡으며 비즈니스라는 게임에 참여한다. 이제까지는 중앙에서 만들어진 규범과 규제에 따라 주어진 역할을 담당해내는 부분이 많았다면, 앞으로는 가치망 내에서 스스로 규범을 만들며 스스로 가치창출을 하게 될 것이다. 게임이론과 블록체인이 융합적으로 만들어내는 새로운 가치망 내에서 새로운 역할로 가치를 만들어내는 것이 중요한 시대가 되었다.

게임이론에서 설명하는 게임의 4가지 구성요소는 플레이어Player, 전략Strategy, 경기규칙Rule, 보수Payoff다. 블록체인 시대의 사업개발자들의 역할은 분산과 컨센서스를 개념화한 새로운 비즈니스 게임 내에서 플레이어로 참여해서 새로운 규칙에 만들고, 그에 맞는 전략적 컨센서스 의사결정을 통해 스스로 정당한 성과를 창출하는 것이다.

Conquer 2등 전략으로 시장을 지배하라

'Fast Second Strategy(후발주자의 전략)'는 'First Mover Advantage(선도자의 이점)'와 비교된다. 콘스탄티노스 마르키데스Constantinos C. Markides는 그의 책《Fast Second》에서 신시장을 지배하는 기업은 시장에 먼저 들어간 기업이 아니라 전략적으로 적절한 시점에 움직이는 것이 중요하다고 하면서 '타이밍Timing'을 2등 전략의 주요한 키워드라고 했다. 2등은 시장 선점

효과를 놓치는 대신 시행착오와 리스크를 줄일 수 있다. 그리고 1등이 힘들게 규제와 인증 등 시장 안정화를 위해 수고한 노력을 크게 힘들이지 않고 취할 수 있는 가능성을 얻을 수도 있다.

신시장은 혁신을 통해 만들어지고, 새롭게 만들어진 신시장은 소비자의 습관이나 행동에 변화를 가져다준다. 시장의 개척은 단순히 없던 시장에 처음 발을 들여놓는 것을 의미하는 것이 아니다. 새로운 시장은 만들고 육성하고 안정화하는 모든 과정을 거친다. 이러한 가운데 다양한 새로운 사업기회들의 창출이 가능하고, 후발주자들은 그러한 틈새시장에서 더 큰 기회를 만들어 시장을 지배하기도 한다.

기업이 경쟁력을 제고하기 위해서 기존 사례나 기업에서 배워오는 기법을 벤치마킹이라고 한다. 벤치마킹은 복제나 모방과는 다르다. 단순히 경쟁 기업이나 선도 기업의 제품을 복제하는 것이 아니라 장단점을 분석해 자사의 제품을 한층 더 업그레이드해 시장 경쟁력을 높이고자 하는 개념이다. 현대시대에 벤치마킹은 1등이나 2등 또는 특정한 분야를 막론하고 경쟁자 또는 파트너의 좋은 점을 내재화하는 혁신전략 중 하나로 활용된다. 콘스탄티노스는 신시장이 대중화되는 과정에서 기업이 시장을 통합하는 마켓 리더가 되기 위한 5가지 전략을 다음과 같이 제시했다.

안주와 불안에서 벗어나라 **비즈니스 디벨로퍼**

· 경쟁의 기반을 기술에서 품질과 가격으로 이동시켜라.
· 밴드웨건 효과Band Wagon Effect를 촉진함으로써 시장 점유율을 높여라.
· 소비자의 위험을 줄여 주고 신뢰를 확립하라.
· 신속한 대응을 위한 유통망을 구축하라.
· 보완재 성장을 촉진해서 시장을 확대하라.

현대의 비즈니스는 자신이 속한 산업군 내나 자국 내에서 경쟁하지 않는다. 산업 간 경쟁이 치열하고 글로벌 경쟁에서 우위를 점령할 수 있는 전략방향이 행해지고 있다. 벤치마킹은 최고수준에 대한 정보를 파악해서 분석하고, 이 최고 수준의 정보와 비교할 때 내가 가진 기술이나 서비스의 정도가 어떤 수준인지 분석해서 목표에 대한 새로운 전략을 수립해서 실행해나갈 수 있도록 추진해야 한다.

벤치마킹의 핵심은 기업 내부 프로세스에 시장 개념을 도입해 비교하는 데 있다. 즉, 기업 간 경쟁은 시장에서 이루어지며, 그 경쟁의 결과는 품질, 가격, 서비스, 브랜드 등의 경쟁력으로 결정된다.

<u>Contents</u> 스토리텔링으로
승부하라

　문화체육관광부가 BTS의 〈다이너마이트〉가 빌보드 핫 100 차트 정상에 오른 경제적 파급 효과를 분석한 결과 약 1.7조 원의 경제효과와 약 8,000명의 고용 유발효과가 있다고 발표했다. 1.7조 원 규모의 매출은 국내 전체 기업 중 대략 200위 내에 드는 규모다.

　비즈니스의 기본 구성은 누구^{Who}에게 어떤 가치^{Why}를 담은 무엇^{What}을 제공할 것인가 하는 것이다. 여기서 무엇은 콘텐츠 Contents다. 콘텐츠는 맛있는 음식, 아름다운 옷, 멋진 자동차나 집처럼 사고 싶거나 기꺼이 나의 돈을 지불할 만한 가치가 있는 것으로 보이는 무엇인가로 끝나지 않고 이제는 보이지 않는 소리나 영상 그리고 느낌과 감성이 더 큰 부가가치를 만드는 우수한 콘텐츠가 되고 있다.

　최근 정의되는 콘텐츠는 주로 음악, 게임, 애니메이션, 캐릭터, 영화, 뮤지컬 등 문화콘텐츠다. 이들 콘텐츠의 특징은 특히 창의력에 기반한다는 것이다. 그리고 점점 전 세계 시장을 무대로 발전하고 있다. 문화산업의 사업개발은 좋은 콘텐츠를 만들거나 거기에 투자하거나 저작권의 배급 정도로 끝나지 않는다. 디즈니랜드, 뽀로로, 아기 상어, BTS, 유니버셜스튜디오, 〈아바타〉, 비틀

안주와 불안에서 벗어나라 **비즈니스 디벨로퍼**

즈, 마이클 잭슨Michael Jackson, 머라이어 캐리Mariah Carey, 〈겨울연가〉, 송가인, 트로트 등은 단지 몇 분이나 몇 시간의 콘텐츠 자체가 아니라 그 자체로 문화산업이자 대형 비즈니스다. 이들 중 몇몇은 우리나라 최고의 현대자동차가 벌어들이는 연간수입보다 큰 규모의 수익을 같은 기간에 벌어들이기도 한다.

코로나19 시대에 가장 큰 호황을 만난 기업 중의 하나는 넷플릭스Netflix다. 넷플릭스의 창업자인 리드 해즈팅스Wilmot Reed Hastings Jr.는 이렇게 말했다. "창업자는 반드시 반대를 보는 관점Contrarian View을 가져야 한다." 넷플릭스의 설립 당시인 1997년에는 DVD업계의 부동의 1위였던 블록버스터가 있었다. 하지만 블록버스터는 넷플릭스를 이기지 못하고 결국 2013년에 파산했다. 여기에 역발상Contrarian이 있었다. 블록버스터는 비디오를 반납일 이후에 반납하면 연체료를 부과하는 방식이었지만, 넷플릭스는 연체료를 없애고 월 구독료 방식으로 바꾸었다. 연체료라는 골칫덩어리를 제거하고 장기고객을 유치한 것이다.

넷플릭스의 성공에는 OTTOver The Top 기술이 밑받침되었다. 발전하는 통신기술을 잘 활용했고, 곧바로 인터넷과 모바일 기술과 접목해서 사업을 더욱 성장시켰다. 그리고 플랫폼을 통해서 싼 가격과 많은 콘텐츠, 좋은 화질 그리고 다양한 시청 환경을 지원하며 전 세계 구독자를 모았다. 또한, 광고를 쏟아부어 광고료로 수입을 늘리면서 구독자들을 귀찮게 하는 대신에 넷플릭스 알고리즘에 투자를 아끼지 않으면서 오히려 더 정교해진 알고리즘으로 구독자가 원하는 콘텐츠를 제공할 수 있게 되었다. 세계 최고의 동영상 스트리밍 최강자가 된 것이다.

콘텐츠의 캐리어는 스토리텔링이다. 넷플릭스는 콘텐츠를 가장 잘 제공할 수 있는 플랫폼을 만들었고, 그 비즈니스 내에 스토리텔링을 만들어놓았다. 지금은 산업 전 분야에서 스토리텔링을 활용한다. 또한 정치, 경제, 문화, 교육, 스포츠 등 다른 모든 분야에서도 마찬가지다. 누가 보다 강한 임팩트를 제공하는 스토리텔링을 만들어 그 위에 가치를 담아 옮길 수 있나 하는 것이 승부수가 되었다.

구축하라

경영의 근본적인 과제는 사람들에게 공통의 목표와 가치, 조직구조,
계속적인 교육 기회와 발전 기회를 제공함으로써
그들이 집단의 이름으로 성과를 이루도록 만드는 것이다.

– 피터 드러커(Peter Ferdinand Drucker) –

레버리지의
원리

지렛대의 원리는 작은 힘으로 큰 물건을 들어 올리는 원리를 말하며, 그 장치를 지렛대라고 한다. 그리고 지렛대의 원리가 작용하기 위해서 다음과 같은 3가지 지점과 3가지 요소가 필요하다.

레버리지의 3가지 지점

- **작용점**Application Point : 물체에 힘이 작용하는 지점
- **힘점**Strength Point : 힘을 가하는 지점
- **받침점**Supporting Point : 지레를 받쳐주는 지점

레버리지의 3가지 요소

- **부하**Load : 작용점에 미치는 무게 또는 부하
- **힘**Effort : 힘점에 작용하는 힘
- **지레**Lever : 받침점 위에서 물건을 직접 물건을 들어 올리는 지레

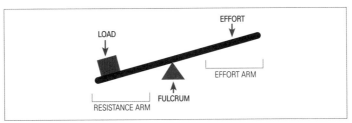

레버리지의 원리

레버리지를 활용하지 않을 사람이나 기업은 지렛대나 받침점이 필요가 없다. 오로지 자신의 팔과 다리와 허리의 힘으로 무거운 짐을 들어 올리고 힘든 일을 헤쳐나가게 된다. 이렇게 레버리지를 활용하지 않는 사람은 큰 실패나 큰 성공을 이루지는 못하더라도, 어려운 가운데 묵묵히 살아나간다. 약한 지렛대에 너무 무거운 짐을 올려서 들어 올리려고 시도하거나, 받침점의 위치를 작용할 힘에 맞지 않게끔 짐에 너무 가까이 놓거나, 너무 힘점에 가까이 놓아서는 짐을 들어 올리지 못하거나 지렛대의 역할을 거의 활용하지 못하게 되는 경우를 만든다.

하지만 지렛대를 잘 사용해서 성공에 이르는 사람이나 기업은 적당한 위치에 받침점을 놓아두고, 작용점에 가할 힘을 키워가며 조금씩 자신의 힘보다 무거운 짐들을 올려 나가며 결국 나중에는 아주 큰 무게도 거뜬히 움직일 수 있는 힘과 지렛대와 받침점을 구축해서 남들이 부러워할 만한 큰 성공의 자리에 이르기도 한다.

로버트 기요사키Robert Toru Kiyosaki는 자신의 책 《부자 아빠 가난한 아빠》에서 현금흐름 사분면을 통해 현금이 들어오는 방법을 E, S, B, I의 4가지로 구분해서 설명했다. E는 봉급생활자Employee, S는 자영업자나 전문직 종사자Self-employed, B는 사업가Business Owner, 그리고 I는 투자가Investor를 말한다. E는 다른 사람을 위해 일하는 사람, S는 스스로 일하는 사람, B는 다른 시스템이나 다른 사람이 나를 위해 일하게 하는 사람, 그리고 I는 다른 회사나 돈이 나를 위해 일하게 하는 사람처럼 표현되기도 했다. 결국 기요사키는 부자가 되기 위해서는 E와 S보다는 다른 사람의 시간과 돈을 이용해서 자신의 수입을 올릴 수 있는 B나 I의 측면에 속하길 추천하는 것처럼 보인다. 이런 논리는 많은 사람들에게 부자가 되기 위한 영감을 주었다.

　그런데 이 책에서 함께 이야기되고 있는 중요한 것 중에는 좋은 투자자가 되기 위해서는 자신을 통제해야 하고, 강력한 사업체를 만들 수 있어야 하며, 용기가 있어야 한다는 것이 있다. 사람들 중에는 사업을 시작하기만 하면 또는 투자를 시작하기만 하면 성공할 것이라고 믿는 사람들이 있는 것처럼 보인다. 사업가와 투자가가 되는 것보다 더 중요한 것은 훌륭한 사업가와 성공하는 투자자가 되기 위한 실력을 갖추는 일이고, 그 실력을 갖추기 위한 인고의 시간을 꾸준히 버텨내는 일이다.

　실패하는 사람들은 지렛대라는 것이 작은 힘으로 무거운 짐을 들어 올릴 수 있다는 것에만 집중적으로 매력을 느끼고, 거기에 필요한 받침점이 얼마나 튼튼히 받쳐주어야 하는지, 지렛대가 얼마나 강하게 버텨주어야 하는지, 지렛대를 누를 수 있는 힘이 얼마나 강해야 하는지에 대해서 성공하는 사람들에 비해 덜 계산하거나 계산할 수 있는 능력이 부족하다.

　혼자서 할 수 있는 일은 생각보다 별로 없다. 하지만 함께하기 위해서는 그렇게 하기 위한 생각을 깊이 해야 하고, 능력을 갖춰야 하며, 그 능력을 갖추기 위한 노력을 하면서 시간을 쌓아가야 한다.

Conscious 어불
견수

'어불견수(魚不見水)'는 물고기들은 물속에 살면서 따로 물을 보지 못한다는 뜻이다. 레프 톨스토이Leo Tolstoy의 우화 중에 이런 이야기가 있다. 물고기들이 한번은 사람들의 대화를 엿들었는데 그 내용은 '물고기에게 가장 중요한 것은 물'이라는 것이었다. 물고기들은 자기들에게 그토록 중요하다는 물이 대체 무엇인가 생각해봤지만 아무리 생각해도 물이 무엇인지 알 수 없었다. 그래서 물고기들은 늙은 물고기를 찾아가 도대체 물이 무엇인지 질문했다. 늙은 물고기는 이렇게 대답했다.

"물이란 우리가 지금 그 속에 살고 있는 것이다. 그러므로 물은 결국 우리의 생명이라고 말할 수 있다. 그런데 우리 온몸이 언제나 그 물에 젖어 있으며, 날마다 그 속에서 살기 때문에 우리가 느끼지 못하고 생각조차 하지 않고 있을 뿐이다."

사람이나 회사는 자신이 속해 있는 곳에 대해 잘 알고 있는 것으로 생각하지만 사실은 그렇지 못한 경우가 많다. 그러한 상황은 가족, 직업, 산업, 세계 간에 걸쳐 있다.

비즈니스 디벨로퍼의 중요한 기능 중의 하나는 내부의 역량, 특히 밖에서 보는 나와 회사 또는 조직에 대한 역량 분석을 정확히 해내는 일이다. 너무 중요한 것인데도 너무 가까이 있어서 도리어 그것을 깨닫지 못함을 비유하는 말이 '어불견수'다. 나 자신만의 생각과 나만의 세상에서 벗어나 고객과 시장이 요구하는 가치를 제공할 수 있어야 한다.

회사와 비즈니스는 정책, 회계, 법률, 조직, 제품, 재무 등에 대해서 외부에서 다양한 경험을 가진 전문가들이 들여다볼 때 보이지 않거나 인식되지 않는 문제들에 대한 분석을 통해 한 단계 나아갈 수 있는 적절할 해결책이 제시될 수 있다. 특히 수년 동안 비슷한 수준의 매출 규모에 머무르며 성장하지 못하고 있는 회사나 비즈니스는 그 이유가 있게 마련이다. 물론 내부의 훌륭한 임직원들이 그럴 만한 이유를 잘 알고 있을 수 있지만, 외부의 다각적인 시각이 반영되어 이제까지 모르던 새로운 개선방안이 제안되고, 그것이 받아들여져 실행될 수 있다면 시간이나 노력을 단축해서 다음 단계로 나아갈 수 있다.

지금은 4차 산업혁명의 시대라 불리며 인공지능, 빅데이터, IoT, 신에너지 등의 새로운 기술과 인프라가 전 산업에 걸쳐서 적용되면서 서로 맞물려 발전하고 있다. 수십 년 이상 안정된 수익으로 큰 폭의 성장을 지속해왔다고 할지라도 자신만의 기술로 자신만의 산업을 성장시키며 발전하는 것은 쉽지 않은 세상을 맞이하고 있다. 나는 누구이며, 어떤 일을 하고, 앞으로 어떤 시점에서 어떤 세상을 맞이하게 될지 이미 물 밖의 세상에서는 다 알고 있는데 나만 모르고 있다면 낭패다.

Compromise 역할의 절충

《영업주도조직》의 저자인 임진환은 그의 책에서 '사냥꾼'을 '신뢰 기반의 장기적인 관계가 중요한 영업직원'으로, 그리고 '농사꾼'을 '영업직원을 지원하는 타 부서 직원'으로 비유했다. 회사는 다양한 조직으로 구성되어 있다. 어느 하나 중요하지 않은 조직이 없으며 각각 고유의 기능과 특징을 가지고 있다. 또한, 중요하게 생각하는 동기와 가치가 다르다. 연구소와 공장에서는 보다 완벽한 제품을 개발해서 만들어내는 것이 동기이자 가치라면 영업조직에서는 다소 완벽함이 떨어지더라도 고객이 원하는 콘셉트와 방향을 신속하게 제시해서 그 이후의 단계를 지속하고자 한다. 그 중간에서 합리적인 절충점을 찾아내야 한다.

비즈니스는 고객에게 기회비용을 넘어서는 가치를 제공하는 것인데, 그에 맞는 솔루션이나 서비스가 없다면 비즈니스가 될 수 없는 것도 사실이다. 하지만 영업직원들은 고객들을 직접 만나서 호흡을 같이하고 고객과 시장이 원하는 솔루션과 서비스에 대해서 회사와 소통하며 고객과 시장에 대해 스스로 알고 있다고 생각한다. 고객이 돈을 지불할 것인지 아닌지에 대해서, 그리고 그 타이밍에 대해서 가장 잘 알고 있다고 생각하는 것이다. 물론 고객과 시장은 정해진 규칙에 따라 움직이는 것이 아니고, 이전의 방식이 다음에도 그대로 통한다고 할 수 없다. 그러므로 농사꾼과 사냥꾼의 동기와 가치를 둘 다 존중하는 것은 맞지만, 결정적인 순간에 둘 중에 한쪽을 선택하는 집중력이 필요하다. 그 집중력을 통해서 남들과 차별화된 가치 제공을 통해 시장에서 성공할 수 있다.

규모의 경제를 통해 최신 자동화 생산 시스템을 구축하고 남들보다 빠르게 품질 좋은 제품을 고객들에게 제공하는 비즈니스라면 보다 완벽한 구매, 품질관리, 생산, 물류를 통해서 정확하게 정해진 시간에 성실하게 제품을 만들어 공급하는 것이 가치고 차별화된 경쟁력이다. 하지만 독창적인 디자인을 해야 하거나 창의적인 음악을 만드는 작업은 9시에 출근해서 6시에 퇴근을 하면서 경쟁력 있는 성과물을 만들 것으로 기대하기는 어렵다. 훌륭한 대기업 공장장 출신의 임원이 어느 날 엔터테인먼트 회사의 운영총괄이 되어 이제까지 수십 년 동안 성공적인 운영을 계속해왔던 공장운영시스템을 그대로 엔터테인먼트시스템에 심으려고 한다면 그 결과는 어떻게 될지 어렵지 않게 짐작이 가능하다.

경제시스템 내에는 이제까지 수백 년 동안 해오던 일을 지속적으로 반복하는 일도 많지만, 또 많은 일은 이제까지 없던 물건을 만들거나 안 해왔던 일들을 창의적으로 새로 하는 일이 많다. 그리고 이들의 많은 경우가 새로운 기회를 창출하거나 새로운 시장을 만들어내는 일들이다. 그리고 개인들은 남들과 비슷한 일을 하다가 어느 순간 남들과 다른 생각과 일을 하게 되는 때가 온다. 그때 사람들은 자신의 인생 개척자가 된다. 어떤 분야에 관심을 가지고 뛰어들어 어떻게 하느냐에 따라 그 인생은 완전히 달라질 수 있다. 바둑 한판의 경우의 수가 관측이 가능한 우수의 원자 수보다 많다고 하지만, 인생 한판의 경우의 수는 오히려 그보다 훨씬 많아 보인다.

안주와 불안에서 벗어나라 **비즈니스 디벨로퍼**

Complexity 부동산 디벨로퍼처럼

부동산 디벨로퍼는 부동산 개발의 시작단계인 기획부터 자금 조달, 설계, 시공, 마케팅, 사후 관리에 이르기까지 모든 것을 총괄하는 사람 또는 업체를 말한다. 부동산 개발의 성공 여부에는 부동산 디벨로퍼의 역량이 큰 영향을 미친다.

다른 분야와 마찬가지로 부동산 개발도 여러 시행착오를 통한 다양한 경험과 노하우 그리고 전문적인 지식이 중요하다. 단순한 것이 복잡한 것을 이긴다고 하는 말은 어떤 면에서 맞는 말이다. 그러나 정답이 아닌 경우도 많다. 시작에서의 단순함과 마무리에서의 단순함은 다르다. 멋진 상품이나 서비스들을 보면 명쾌하고 단순하지만 그 속에는 세밀한 설계와 복잡함이 있다.

멋진 축구 골 장면을 보면 명쾌하고 단순하다. 그 움직임과 결과물이 군더더기 없이 명료하고 명확하다. 그런데 모든 사람들이 환호하고 박수 치는 그 골 장면이 나오기까지 그 골을 어시스트 한 동료선수들과 그 골을 직접 골대로 넣은 축구선수는 남들이 훈련하지 않는 시간에도 더 많은 복잡한 생각을 하고 더 다양한 경우의 수를 예상하면서 호흡을 맞춰 결국 승리의 장면을 맞이한다.

단순함은 꾸준한 노력과 복잡한 경우의 수와 시간을 축적해서 나온다. 이 과정 가운데 많은 사람들이 포기하고 여기에서 성공과 실패의 차이가 생긴다.

　많은 성공한 사람들은 단순하게 살고 있지만 그 성공에는 인고의 시간과 복잡함을 거쳐 왔다. 모든 성공이 학위나 자격증을 통해 만들어진 것은 아니지만, 어떤 일이든지 공부나 훈련의 과정을 거치지 않을 수는 없다. 우리의 조상들도 그래왔고 후손들도 그럴 것이다. 그리고 시골에서의 삶과 도시에서의 삶에서도 그럴 것이다.

　예를 들어 부동산 공인중개사가 되기로 했다고 생각해보자. 그러기 위해서는 부동산학개론, 민법 및 민사특별법, 부동산 공법, 공인중개사 법령 및 실무, 부동산 공시법, 부동산 세법의 과목을 공부해야 한다. 부동산 디벨로퍼가 되기 위해 공부를 해야 하거나 실무로 진행하는 사항은 주요 항목만 살펴보더라도 대략 다음과 같다.

- 사업의 기획 및 구상
- 사업지 분석 및 선정
- 사업수지 분석
- 토지 확보
- 설계 업무
- 건설 업무
- 운영 관리

- 사업타당성 분석
- 물건별 개발 사업의 타당성 점검
- 사업성 검토 및 세부 지출 분석
- 건축사 허가 의뢰
- 구청 건축과 업무
- 허가증 교부
- 착공 신고 및 시공
- 사용 검사 절차 실무
- 건축물 등기 실무
- 아파트, 주상복합, 타운하우스 차이 분석
- 오피스빌딩 및 오피스텔 업무시설 특징 분석
- 부동산 금융 투자 제도
- 부동산 PF(프로젝트 파이낸싱)
- 민간 투자 금융
- 부동산 자산관리 운용
- 부동산 펀드 운용
- 주택공급에 관한 규칙
- 건축물 분양에 관한 법률
- 산업집적활성화와 공장설립에 관한 법률

Castle 시스템을 통해 성을 쌓아라

  엠제이 드마코MJ DeMarco는 그의 책 《부의 추월차선》에서 공급자 사고방식에 대해서 이야기했다. 소비자 관점의 사고보다는 판매자나 생산자 입장의 사고로 시스템을 만들어갈 것을 제안했다. 이는 금을 캐려고 땅을 파는 대신 삽을 팔기, 수업을 듣는 대신 수업을 제공하기, 돈을 빌리는 대신 돈을 빌려주기, 직업을 갖는 대신 직원을 고용하기, 집을 담보로 잡히는 대신 집을 담보로 잡기 등이다.

  드라마 〈스카이 캐슬〉 대사 중에 이런 대사가 나온다. "낼모레 쉰이 되도록 어떻게 살아야 하는지도 모르는 놈을 만들어 놨잖아요." 많은 사람들은 생각보다 오랜 시간 동안 시스템 내에서 시스템에 의해 시간을 보내며 살아간다. 누군가는 시스템을 만들고 많은 일반 사람들은 그 시스템에 의해 살아가게 된다. 하지만 어느 시점이 되면 그 시스템을 벗어날 수밖에 없는 상황에 처하게 되고, 그때가 되면 시스템을 어떻게 만들지 고민하거나 경험해보지 않은 사람들은 갑자기 당황하거나 어려움에 닥치게 된다.

  최근 한동안 미국에서 시작되어 전 세계 젊은이들에게 전파

되면서 이슈가 되었던 FIRE Financial Independence Retire Early는 젊은 시절 일정 수준 이상의 경제적 부를 빠르게 이룬 후에 일찍 은퇴하는 것을 말한다. 즉, 내가 일하지 않아도 매달 충분히 지출하고 남을 만큼의 재정적 자립도를 갖추었거나 매달 고정적이고 지속적으로 나에게 수입을 가져다줄 시스템을 만들어놓았다는 것이다.

지금은 100세 시대라고는 하지만 공부를 마치고 사회에 진출하는 시기는 점점 늦어지고 있다. 그리고 대략 50세 정도가 되면 일자리에서 물러날 준비를 하게 된다. 또는 일과 무관하게 일을 하기 어려운 상황에 닥치기도 한다. 대표적인 이유 중의 하나가 건강이다. 고혈압약이나 고지혈증, 당뇨병 또는 골다공증약을 먹기 시작하게 되고, 그렇게 좋아하던 커피나 소주, 라면이나 빵 그리고 숯불에 구운 삼겹살을 눈물을 머금고 더이상 가까이 할 수 없는 시점을 맞이하게 된다.

사업개발은 시스템을 만들어가는 것이다. 이 시스템이 성 Castle 이라고 해보자. 성을 만들어서 외침을 막고 내부에서 충분히 먹고살 수 있는 구조를 갖춘다기보다는, 이제는 성을 구축해서 충분한 먹거리를 만들어 그 먹거리를 성의 내부와 외부에 충분히 공급할 수 있는 시스템을 만들고, 그 시스템을 통해 새로운 먹거리를 만들 수 있는 시스템을 구축해 더욱 안전하고 튼튼하며 지속성장이 가능한 성을 만들어가는 것이다.

성은 하루아침에 만들어지지 않는다. 공급하거나, 공급받는 시스템 내에서 경쟁력을 갖춰 성장해야 한다. 스타트업들이 혁신적인 아이디어를 가지고 제품이나 솔루션을 만들더라도 사업에서 성공을 이루어내기가 쉽지 않은 것은 기존 산업에서 수년 또는 수십 년간 시스템을 통해 성을 구축해온 세력들의 실적과 실력과 경험과 노하우를 통해 갖춰온 성벽을 허물기가 그만큼 어렵기 때문이다. 개인과 기업들은 시스템을 통해 성을 구축해나가야 한다. 그것이 인프라이며 네트워크다. 성은 창조적인 도전과 혁신 그리고 시행착오와 경험을 통해 시간이 지나면서 조금씩 쌓여진다.

Crossing 계곡을 만나면
다리를 놓아라

박람회의 기원은 2,500년 전 페르시아제국 때 개최된 '부의 전시'라고 한다. 그리고 근대적 의미의 박람회는 1851년 런던에서 개최된 만국산업박람회EXPO로 알려져 있다. 대한민국의 세계박람회 참가는 조선시대 말인 1889년(고종 26년)에 파리만국박람회에 모시, 돗자리, 가마 등을 출품했다는 기록이 있다. 공식적으로는 1893년에 미국 시카고 박람회에 참가했고, 1900년 파리세계박람회에는 비단, 도자기, 장롱, 그림, 책, 악기, 의복 등을 전시했다고 한다.

박람회는 한 나라 또는 지역의 문화나 산업 등을 소개하기 위해서 그와 관련된 각종 사물이나 상품을 진열해놓고 소개하는 것을 말한다. 그리고 컨퍼런스와 포럼 같은 회의나 행사가 포함되어 전시회, 컨벤션이나 페어 같은 다양한 이름으로 불리기도 한다. 고부가가치 산업 중의 하나로 불리기도 하는 MICE는 Meeting(기업회의), Incentive(포상관광), Convention(컨벤션), Exhibition(전시)의 4가지 분야를 통틀어 말하는 서비스 산업이다. 점차 비대면으로 하는 화상회의나 온라인전시회가 늘어날 것으로 보이지만, 아직은 여전히 직접 만나서 하는 협상이나 교신의 효과가 나은 것은 부인하기 어렵다.

비즈니스 디벨로퍼는 업체 간, 사업 간, 산업 간, 국가 간의 경계를 넘어 다른 편에 있는 사람들을 만나 교감과 소통을 통해 물건이나 솔루션을 건네주거나 건네받는다. 글로벌 전시회에는 각 국가에서 그 산업을 대표하는 기업들이 참가해서 새로운 기술과 제품을 세계에 알린다. 그런 글로벌 전시회에 참가하는 회사에서는 그 회사를 관람객들에게 가장 잘 소개하고 이후에도 그 관계를 지속할 수 있는 인력들을 출장 보내게 된다. 그 사람들이 바로 마케터이자 비즈니스 디벨로퍼다. 단순히 시장에 무언가를 알리는 것에 머무르지 않고, 없는 시장을 새로 만들어

확대하는 일을 한다. 전시장 부스에 수십 명이 관람객을 맞이하는 몇몇 대기업을 빼고 나머지 중소기업이나 스타트업의 부스에서는 5~10명 내외의 인력이 부스를 지키게 되는데, 이때 기업을 대표하는 회사대표, 기술을 대표하는 연구소장, 영업마케팅을 대표하는 영업본부장, 사업개발을 대표하는 비즈니스 디벨로퍼가 주로 배치된다. 이들은 회사에서 각자의 역할을 하지만 전시장 부스에서는 모두 비즈니스 디벨로퍼. 어떤 참관객과 앞으로 어떤 좋은 인연으로 발전할지 모르기 때문에 이제까지 수개월 또는 수년 동안 준비해온 솔루션을 가장 간결하고 명확하게 소개하고 그 인연을 지속해서 성과를 창출하기 위해 최선을 다한다.

사업개발은 산업의 모든 분야에서 행해지고 있고 앞으로 그 역할은 보다 다양해지고 정교해질 것으로 예상된다. 다음은 글로벌 전시회가 국가별로 행해지고 있는 대표적인 산업 분야들이다. 이들 각 산업 분야들은 각 분야에서 사업을 개발하고 새로운 시장을 창출할 수 있는 전문지식과 상상력을 갖춘 사업개발자들을 찾고 있다.

· 건강&스포츠
· 동물&애완용품
· 생활용품&가구
· 정보통신기술^{IT}&S/W

- 건축&기자재
- 레저&관광
- 식품&음료
- 조선&플랜트
- 국가종합전시회
- 문구&선물
- 유리&광학
- 주얼리
- 금속&광물
- 문화콘텐츠&미디어
- 유아·아동&교육&임산부
- 패션&섬유
- 금융&비즈니스 서비스
- 물류&운송
- 의료&제약
- 항공&우주
- 기계&장비
- 바이오
- 자동차
- 화학&나노
- 기타
- 방위산업

- 전기전자＆반도체
- 환경＆폐기물
- 농수산＆임업
- 뷰티＆미용용품
- 전력＆에너지

<u>Chain Franchise</u> 프랜차이즈
하라

영화 〈파운더〉는 최초로 맥도날드를 창업했던 모리스 맥도날드Maurice McDonald와 리처드 맥도날드Richard McDonald 형제, 그리고 그들과 동업해서 맥도날드를 전 세계적으로 성공한 프랜차이즈로 만든 레이 크록Ray Kroc의 이야기다. 맥도날드 형제는 가난한 어린 시절을 이겨내야 했고 처음에는 영화사에서 트럭 운전수로 일하며 돈을 벌기 시작했다. 그렇게 해서 모은 돈으로 작은 영화관을 차렸지만 1929년 경제대공황의 시기와 맞물려 망하게 되었다. 형제는 길거리에 나앉을 처지가 되었지만, 다시 지인에게 돈을 빌려 창업자금을 마련한 후 조그마한 핫도그 가게를 차렸다. 장사가 망할 정도는 아니었지만 생각했던 만큼 잘되지 않자 동생이 형에게 가게를 좀 더 번화한 옆 동네로 옮기자고

안주와 불안에서 벗어나라 **비즈니스 디벨로퍼**

제안한다. 하지만 새로 가게를 지을 만한 돈이 없자 동생은 가게 자체를 통째로 트럭으로 옮기자고 했고, 트럭이 지나가야 할 길 중간에 있던 고가도로 때문에 가게 전체를 옮기지 못할 상황이 되자 다시 과감하게 가게 지붕 윗부분을 잘라낸 후에 결국 성공적으로 가게를 옮겨 새로운 장사를 시작하게 된다.

이 당시 일반적인 핫도그와 햄버거 가게는 드라이브인Drive in 과 서빙직원이 주문된 음식을 차까지 서빙해주는 시스템이었다. 그리고 주문 후 서빙이 되는 데까지 대략 30분 정도의 시간이 걸렸다. 햄버거를 만들고 서빙을 하는 데 역할 분담이 안 되고 낭비되는 동선이 많았다. 그 후 시스템 혁신과 훈련을 통해 30분을 30초로 바꾸었다. 여기서 맥도날드 형제가 한 주요한 3 가지는 이것이다.

· 제거
· 시스템화
· 혁신

성장을 위해 지붕과 낭비되는 동선을 제거했고, 일관성 있는 품질의 햄버거를 만들 수 있는 시스템을 만들었다. 결국 30분이 걸려서도 맛이 일관적이지 않고 동선이 엇갈려 직원끼리 부딪치며 그릇이 깨지기 일쑤였던 주방과 서빙을 최적화된 시스템으로 만들었다. 30초 내에 맛있는 햄버거를 편리하게 많은 사람들이 즐길 수 있는 혁신을 이룬 것이었다. 이후 맥도날드는 프랜차이즈 시스템을 통해 전 세계로 확장해서 지금과 같은 글로벌 브랜드로 성공했다.

프랜차이즈는 프랜차이즈 본사Franchiser가 프랜차이즈 가맹점Franchisee에게 상표, 상호, 서비스표 등을 사용해서 본사와 동일한 이미지로 상품 판매, 용역 제공 등 일정한 비즈니스 활동을 한다. 그에 따른 영업지원도 하고 통제도 하며 상호 간 경제적 이익을 공평하게 지속해나가는 거래 관계를 말한다. 사업의 성장을 위해서는 프랜차이즈의 가맹점주가 되기보다는 프랜차이즈 사업주가 되어야 한다고 말하기도 한다. 왜냐면 가맹점주가 되어 정해진 점포에서 정해진 시장(상권)에 정해진 물건을 팔게 되면 매출이나 사업 확대에 제한이 있을 수밖에 없기 때문이다.

성공하는 프랜차이즈를 만들기 위해 가장 중요한 것 중에 하나는 지속적이고 성공 가능한 사업의 원형Franchise Prototype을 만들어야 한다는 것이다. 맥도날드 형제도 크록을 만나기 전에 프랜차이즈를 시도해보지 않은 것은 아니다. 하지만 품질관리의 문제로 지속되지 못했다. 프랜차이즈의 성공비결 중의 하나는 원형의 유지다. 원형이 유지되지 못한 상태에서 새로운 기술과 시스템이 새로 개입된다면 그 또한 고객의 신뢰를 받지 못하고 변질되며 망가지게 된다.

사업개발이란 항상 새로운 무언가를 찾아 새로운 것을 만들어 내는 것만을 의미하는 것은 아니다. 좋은 원형을 만들어 그 표준화된 시스템을 빠르고 크게 확대시키는 것은 훌륭한 사업개발 방식의 하나다. 이는 조직 내에서도 마찬가지다. 조직과 사업이 커지면서 팀장과 본부장이 사장이 하던 일을 모두 담당할 수는 없다. 성장하는 시장에서 맥도날드 형제와 같은 '제거', '시스템화', '혁신'이 없거나 업무에 대한 위임이나 협력이 가능한 파트너십이 없다면, 그 사업은 안정적으로 유지된다 할지라도 성장의 한계를 가져올 수밖에 없다.

Courage 용기와 끈기

맥도날드 형제는 1961년에 레이 크록에게 각각 135만 달러씩, 총 270만 달러를 받고 맥도날드를 매각했다. 크록이 270만 달러를 주고 맥도날드 형제로부터 맥도날드를 가져왔다는 표현이 맞을 수도 있겠다. 1961년 당시 대한민국 총수출액이 4,090만 달러였던 것과 비교하면 270만 달러는 적은 금액의 돈은 아니지만, 현재의 맥도날드 가치와 계속해서 벌어들이는 돈을 생각한다면 맥도날드 형제에게는 아쉬움이 큰 매각이었다.

영화 〈파운더〉에서 맥도날드 매각을 마치고 대금을 지급한 후, 맥도날드 형제는 크록에게 처음 만난 날 레스토랑을 보여줬고 전체 시스템과 모든 비밀을 모두 보여주었는데 왜 아이디어를 훔쳐서 직접 장사를 해서 성공시키지 않았냐고 물었다. 크록은 이렇게 답한다. "아이디어를 훔쳐서 직접 장사를 했더라면 실패했을 거야. 주방을 본 사람이 나밖에 없었나? 아주 많은 사람에게 보여주었지. 그런데 그중 몇 명이나 성공했지?"

영화에서 답한 크록의 성공비결은 아름다운 '이름Brand, 맥도날드McDonald'였다. 그리고 거기에 '용기Courage'와 '끈기Persistence'가 함께했다.

현재 100세 시대의 50대는 과거에 비해서 활동적으로 일을 하는 세대이긴 하지만, 당시 52세의 밀크셰이크 기계 영업사원이었던 크록이 무언가를 시작하기에는 이른 나이가 아니었다. 하지만 수년 만에 맥도날드를 크게 성공시킨 크록에게는 분명히 용기와 끈기, 그리고 많은 사람들의 도움이 함께했고, 오늘날 세계에서 가장 성공한 프랜차이즈이자 가장 큰 부동산 보유자 중의 하나인 맥도날드를 만들어냈다.

Correspond 시장의 원리를 이해하라

18세기 프랑스 혁명 당시 급진 지도자 막시밀리앙 로베스피에르Maximilien Robespierre는 혁명 후 시민들이 생필품 가격 상승으로 불만을 쏟아내자 물가를 안정시키기 위해 "모든 프랑스의 어린이들은 값싼 우유를 마실 권리가 있다"며, 우유 가격의 인하를 지시했다. 우유 가격을 강제로 절반을 낮추도록 하고, 이를 어기면 우유 판매 차익의 두 배를 벌금으로 물게 했다. 그 의도는 가난한 사람들도 자녀들에게 우유를 먹일 수 있도록 하겠다는 취지였다.

당장에는 우유 가격이 하락하면서 시민들이 좋아했지만, 결과적으로는 의도와 정반대의 효과가 나타났다. 얼마 지나지 않아 시장에 나오는 우유의 양은 급감했고 우유 가격은 급등세를 보였다. 그 이유는 우유 생산 가격이 젖소에게 먹이는 사료 가격도 안 되자, 낙농업자들이 도저히 수지를 맞출 수 없게 되었고, 그렇게 되자 낙농업자들은 젖소 사육을 포기하고 대신 도축을 해서 고기로 내다 팔았기 때문이다. 그러자 우유를 생산할 젖소의 수가 줄어들게 되고 우유 생산량도 감소했다. 이렇게 되면서 우유 가격은 원래보다 더욱 상승하게 된 것이었다.

이후 로베스피에르는 우유 공급을 늘리기 위해 이번에는 젖소 사료 가격을 강제로 낮췄다. 그러자 이제 사료업자들이 역시 수지를 맞추지 못하고 원가도 받지 못하는 사료 생산을 포기해 버리고 말았다. 그러자 다시 사료 가격이 폭등했고 그 결과 우유는 공급이 더 부족하게 되었으며, 우유 가격은 더욱 폭등했다. 결국 갓난아기도 마실 수 없을 정도로 우유를 구하기가 힘들어졌고, 그 정도 가격을 지불하고도 우유를 구매할 수 있는 부자들만이 우유를 마실 수 있게 되었다.

조직이나 시장에 대해 초기에는 개입과 통제가 어느 정도의 성장이라는 성과를 이루는 데 필요하다. 하지만 어느 정도의 임계점을 지난 후에도 일정 수준 이상의 개입과 통제가 계속되면 그 조직과 시장은 부작용을 키울 수밖에 없다. 리더나 지도자들은 조직원들보다는 능력이 많아서 그 조직이나 시장을 비교적 잘 이끌어갈 수 있는 역량과 책임감을 가지고 있다고 볼 수도 있다. 하지만 능력과 역량이 뛰어나다고 해서 모든 사람이 만족할 만하게 모든 상황을 이끌어갈 수 있다고 보기는 어렵다. 오히려 처음의 의도와는 달리 과도한 개입과 통제가 더 큰 부작용을 키워서 오히려 원래 상황보다 더욱 나쁘게 만들거나 회복이 불가능하게 만드는 경우도 발생할 수가 있다.

시장의 원리는 시장에 공급이 늘어나면 가격이 떨어지고, 수요가 늘어나면 가격이 오르는 것이다. 이 시장의 원리를 거스르고도 원하는 결과를 인위적으로 얻기 위해서는 시장보다 큰 힘을 가지고 있어야 하는데 그러기는 쉽지가 않다. 비즈니스 디벨로퍼는 시장의 통제자라기보다는 시장의 원리를 가장 잘 이해하고 현재의 시장 상황에 맞게 기존의 자원을 가장 잘 활용해서 새로운 가치를 창출하는 사람이다. 시장의 원리에 순행하며 새로운 가치를 창출하기 위해서는 시장의 자유 원리에 대한 이해가 필요하다.

Conquering 지배 하라

워렌 버핏Warren Buffett은 "넘지 못할 2m의 장대를 넘으려고 애쓰느니 차라리 내가 넘을 수 있는 30cm의 막대를 주위에서 찾아보겠다"라고 말한 적이 있다. 이 말은 오르지 못할 나무는 쳐다보지도 말라는 의미라기보다는 30cm의 넘을 수 있는 장대를 뛰어넘어 장대 너머의 세상을 만나겠다는 의미가 더 크다.

살아가다 보면 사방팔방에 장대들이 놓여 있다. 어떤 사람들은 아무리 낮은 장대라도 뛰어넘지 않고 주어진 세상에서 묵묵히 가는 사람들이 있는가 하면, 어떤 사람들은 처음에는 자기가 넘을 수 있는 장대를 하나씩 살짝 넘어가지만, 어느덧 힘과 실력을 길러서 어느 순간 2m가 훨씬 넘는 높은 장대를 여유 있게 넘어가는 순간을 맞이하기도 한다.

사람들은 누구나 도달하고자 하는 목표가 다르다. 도전하는 사람들은 많지만 목표한 정상을 정복하는 사람들은 많지 않다. 목표를 정복하기 위해서는 나 자신과 시간, 리스크를 지배할 수 있어야 한다. 남들이 안 할 때 했던 그것, 남들이 잘 때 나만 깨어서 했던 그것이 인생을 좌우한다. 남들이 안 할 때 나만 했던 그 무엇 또는 남들이 넘지 않은 그 장대를 나만 넘을 수 있다면 그것이 결과를 좌우한다.

웹툰 작가이자 방송인인 기안84는 예능프로그램에서 '태어난 김에 사는 사람'으로 표현된 적이 있다. 그 프로그램에서 어느 날 자신의 무기력함을 극복하기 위해서 과천에서 오이도까지 도달하겠다는 다소 무모해 보이는 54km 달리기를 시작했고 결국 목표한 지점에 도달하는 장면을 보여주었다. 아무런 준비 없이 시작하다 보니 복장이나 체력도 제대로 준비되지 않았고 충분한 사전 준비운동도 없었다. 어떤 때는 치밀한 준비를 통해서 무언가를 시작하는 것이 필요하지만, 때로는 우선 당장 시작하고 점점 완벽해지는 전략이 필요하기도 하다.

인생이나 사업은 고통스럽다. 어떤 사람은 고통Suffering에 집

중하고, 어떤 사람은 그 고통을 타고 즐긴다Surfing. 목표에 가까
우면 가까워질수록 장애물은 높고 많아진다. Suffering(고통)에
빠져 있을 것인가? 다가오는 파도를 멋지게 Surfing(파도타기)
할 것인가?

Civilization 뻔한
비결

세계 4대 문명이라 하면 지금부터 약 6000년경 이전에 생겨
난 인류 문명 발생지들을 일컫는다. 나일강 유역의 이집트 문
명, 티그리스·유프라테스강 유역의 메소포타미아 문명, 인도의
인더스강 유역의 인도 문명, 중국 황하 유역의 황하 문명이 그
것이다. 이들 문명은 큰 강의 유역에 위치하고 왕래가 편리하며
관개 농업에 유리한 물이 풍부했다는 등의 특징을 가지고 있다.

메소포타미아 문명 중 가장 번성하고 풍요로웠던 시기에 바
빌론이 있었다. 바빌론은 '황금의 도시'라고 불릴 만큼 당시 가
장 부유한 사람들이 모여 살았고, 화려했던 도시로 지금까지도
알려져 있다. 그리고 지금부터 약 100년 전인 1926년에 미국의
조지 S. 클레이슨George Samuel Clason은《바빌론 부자들의 돈 버

는 지혜The Richest Man in Babylon》라는 책을 출간했다. 스마트폰도, 전기자동차도, HTS도, 인터넷도 없던 100년 전에 쓰여진 책에서 소개하는 수천 년 전의 부의 원리가 지금까지 많은 사람들에게 부에 이르는 기초적인 원리로 공감을 얻고 있다는 것에는 뭔가 느껴지는 것이 있다.

책에서 바빌론 최고의 부자로 소개되는 '아카드'는 얇팍한 지갑에서 벗어나기 위한 7가지 비결을 이렇게 제시하고 있다. 첫째 일단 시작하라, 둘째 지출을 관리하라, 셋째 돈을 굴려라, 넷째 돈을 지켜라, 다섯째 당신의 집을 가져라, 여섯째 미래의 수입원을 찾아라, 일곱째 돈 버는 능력을 키워라.

부자가 되는 법, 성공하는 비결, 살 빼는 법, 공부 잘하는 비결 등 아주 비밀스럽고, 대단한 무언가가 있을 법한 비결이라는 것은 들고 보면 누구나 다 알고 있는 뻔한 이야기들이다. 그런데 성공한 사람들은 뻔한 그것을 실행에 옮긴 사람들이고, 성공하지 못한 사람들은 그것이 너무 뻔해서 실천하지 않은 사람들이다. 성공한 기업가들이나 사업개발자들을 보면 위험을 무릅쓰고 역경을 뛰어넘은 것도 대단하지만, 그보다 상상력을 펼쳐서 목표를 정하고 그것을 꾸준히 해서 목적지에 도달했다는 것을 기억해야 한다.

수많은 정보가 쏟아지고 하룻밤 자고 일어나면 또다시 새롭게 배워야 할 것들이 넘쳐난다. 누구도 그 많은 모든 것을 스스로 다 담을 수는 없다. 뻔한 원리와 기준을 스스로 만들고 그것을 지속하는 것이 자신이 원하는 보다 나은 위치에 도달할 수 있는 비결이다.

적중하라

하루 종일 일만 하는 사람은 돈 벌 시간이 없다.

− 존 록펠러(John Davison Rockefeller) −

Collimation 바람을 계산하라

양궁선수들은 비가 오거나 바람이 불 때 과녁 중앙을 조준하지 않고 비와 바람의 속도나 방향을 치밀하게 계산해서 일부러 오조준(誤照準)한 후 활을 발사한다. 이는 경험과 훈련을 통해 비와 바람을 피해가는 것이 아니라, 비와 바람을 타고 계산을 통해 극복해서 과녁 중앙을 맞추는 것이다.

화살이 활을 벗어나 과녁을 향해 갈 때는 양궁선수의 팔을 벗어나 자연의 힘에 따라 과녁에 도달하거나 과녁을 벗어난다. 경영에 있어서 경영자의 능력이 모든 부분에 미치지 못하고, 예상치 못한 다양한 환경에 따라 목표한 방향으로 갈 수도 있고 그렇지 못할 수도 있다. 그래서 화살을 쏘기 전에 그에 대한 치밀한 분석과 훈련 그리고 준비가 있어야 한다. 그리고 화살을 쏘았다면 그 분석과 훈련과 준비를 믿고 신뢰하며 뚜벅뚜벅 나아가야 한다.

예를 들어 마음에 맞는 것 같아서 또는 믿을 만한 사람이라고 소개를 받아서 동업을 결심하고 함께 사업을 시작했다. 그런데 그 동업자가 무슨 행동을 어떻게 할지 몰라서 매일 아침마다 불안해하면서 동업자가 어제는 무엇을 했고, 오늘은 무엇을 할 것이며, 회사 내부에 무슨 자료를 들춰봤는지 확인해야 한다면 실제로 계획한 사업목표를 위해 쓸 수 있는 시간과 자원은 당연히 줄어든다. 믿고 시작했으면 믿고 함께 나아가야 한다. 믿을지 안 믿을지에 대한 고민은 가능하면 시작하기 전에 더 많이 하는 것이 맞다.

회사에서 직원을 채용할 때도 마찬가지다. 어렵게 직원을 채용한 후에 일을 믿고 맡기는 노력보다 그 직원이 문제를 일으키지 않도록 관리를 하거나 그 직원이 회사 내부의 중요한 자료를 유출할 것이 염려되어 거기에 많은 수고와 노력을 더하게 된다면, 그 상황을 겪는 직원도 힘들고 회사도 힘들다. 만일 뽑은 직원이 미덥지 않다면 일시적인 고통과 손실을 감수하고서라도 과감히 해고하고 회사가 목표하는 방향으로 한 발짝 더 나아갈 수 있도록 하는 것이 나을 것이다.

그림을 그릴 때 스케치하는 과정을 거친다. 처음에 그리는 스케치가 최종 그림과 똑같을 수는 없다. 화가가 스케치할 때 전체적인 윤곽을 흐릿하게 잡으면서도 최종적인 결과물이 어떻게 그려질지 알 수 있다. 처음에는 스케치조차도 잘할 수 없어서 도저히 원하는 그림을 그릴 수 있을 만한 스케치를 못할 수도 있다. 하지만 연습과 노력을 통해 점차 원하는 그림을 그릴 수 있는 스케치를 할 수 있게 된다. 그리고 그 스케치를 통해 완성된 그림을 만들어낸다. 즉, 스케치와 그림을 완성하는 과정을 통해 원하는 본질을 완성해낸다.

삶과 비즈니스에 있어서 매일, 매 순간 수많은 상황을 예상하기도 하고, 예상하지 못하기도 하는 상황들이 발생한다. 그것이 일어날 것을 예상하지 못하고 왜 나에게 이런 일이 생겼는지를 불평하고 불안해한다면 애초에 시작과 조준이 충분하지 못했던 것이다. 비와 바람과 폭풍을 계산해서 보다 정확한 오조준을 하기 위해서는 더 치밀한 훈련과 더욱 정확히 계산해낼 수 있는 능력이 필요하다.

Cornerstone 가장자리로 가라

건축물의 기둥이나 토대 밑에 놓여 위에서 누르는 무게를 땅으로 전달하는 기본 구조를 주춧돌Cornerstone 또는 초석이라고 한다. 주춧돌은 오랜 세월 동안 침하되거나 파손 없이 튼튼히 웅장한 건축물을 받쳐줘야 되기 때문에 가장 단단해야 하고 가장 중요한 부분에 위치해야 한다.

주춧돌은 대체로 건축물의 가장자리에 전체 건축물을 안전하게 받쳐주는 역할도 하면서 대략적인 건축물의 크기를 정해준다. 경영이나 신사업 또는 사업개발에서 이 초석이 제대로 놓이지 않으면 아무리 멋지고 훌륭한 결과물을 만들어내려고 해도 튼튼하지 못해서 오래가지 못하거나 쉽게 무너질 수 있다. 그래서 이 주춧돌에는 무게와 함께 시간과 높이와 밀도가 모두 담겨 있다고 볼 수 있다.

세상의 많은 일들은 중심에서 이루어진다. 하지만 모든 일들이 중심에서 이루어지지는 않는다. 오히려 중심에서는 기능이 중첩되거나 몰려 있어서 경쟁이 심하고 실질적인 일들이 효율적으로 이루어지지 않거나 실제로 중요한 가장자리를 보지 못하고 중심에서만 답을 찾으려고 하는 경우가 발생한다. 하지만 실제로 일의 시작과 근간이 된 가장자리에서 많은 일이 일어나고 그곳에서 많은 경우에 답을 찾을 수 있다.

사업개발자들은 건축물을 높이 쌓아 올리는 일도 하지만, 그 이전에 건축물을 지을 지역을 찾아 크기를 정하고 가장 단단한 주춧돌을 놓아 다진다. 그래서 사업개발자들에게는 주춧돌을 놓는 가장자리가 중요하다.

실제로 위대한 영웅들은 새로운 개척을 위해서 중심에 남아 있지 않고 아무도 가지 않는 가장자리를 거쳐 새로운 곳으로 나아갔다. 지금 가지고 있는 것을 더 잘해서 발전시키는 것도 중요하지만 그렇게만 하면 곧바로 한계를 만난다. 예전의 국가를 지킨 영웅들도, 현대의 시대를 이끌며 사업에 성공한 사업가들도 그렇게 했다.

그리고 영웅이 아니라 우리 가까운 주변에서 남들보다 조금씩 앞서 성공에 이르는 사람들은 그렇게 한다. 편의점과 카페를 운영하는 손도신 대표는 백령도에서 군 생활을 한 경험으로 백령도와 욕지도를 포함해 대청도, 덕적도, 신도, 노화도, 보길도, 추자도, 교동도 등 주로 섬에만 편의점을 열어 성공한 청년사업가이자 '편의점 업계의 장보고'로 알려진 적이 있다.

섬 지역 편의점사업 진출 초기에 치킨집이나 카페도 변변히 없던 백령도에 처음으로 편의점을 열었을 때 바나나우유만 일주일에 700개 이상 팔았다고 한다. 군부대에서 휴가 나온 군인들과 섬 지역 주민들에게 삼각김밥, 샌드위치, 핫바가 인기가 많아서 처음에는 일주일에 한 번씩 2.5톤 트럭이 싣고 들어오면 곧바로 다 팔려서 다시 제품이 들어오기까지 며칠씩 기다리기도 했단다.

중심을 벗어나 기회가 있는 가장자리에 주춧돌을 단단히 세울 수 있다면 이것이 사업개발의 초석이 된다. 가장자리는 가능성이고 주춧돌은 잠재력이다. 사업개발자의 역할은 이 2가지 힘을 끌어내고 모아서 실행하는 일이다.

Carbon Neutral 탄소
중립

EU(유럽연합)은 2019년 그린딜^{Green Deal}을 통해 2050년 탄소중립 목표를 발표했다. 그리고 중국은 2020년 9월 22일 UN총회에서 시진핑^{習近平} 주석이 2060년 이전까지 탄소중립 달성을 선언했으며, 일본은 2020년 10월 26일에 2050년 탄소중립 목표를 선언했다. 그리고 대한민국은 2020년 10월 28일에 국회 시정연설에서 2050년 탄소중립을 선언했다.

1차 산업혁명은 18세기에 증기기관이 발명되면서 증기의 동력화라는 혁신을 통해 발전했다. 그때 사용된 주요 에너지는 석탄이었다. 20세기의 2차 산업혁명은 석탄과 석유 그리고 원자력 에너지를 주요 에너지원으로 했다. 인류가 땅속 깊숙이 묻혀 있는 화석연료를 꺼내 사용하면서 인류는 기술과 산업적인 발전을 누리게 되었다. 하지만 지구온난화로 폭염, 폭설, 태풍, 산불 등 기후변화 문제를 겪게 되었다. 최근 30년 사이에는 지구의 평균온도가 1.4℃ 상승하면서 온난화 경향은 더욱 심해졌다. 사람도 36.5℃ 정도의 체온을 유지하다가 그 일정한 온도를 벗어나게 되면 병에 걸릴 위험에 빠지거나 병에 노출되듯이 지구도 그렇다.

탄소중립Carbon Neutral은 인간의 활동에 의한 온실가스 배출을 최대한 줄이고, 남은 온실가스는 흡수 또는 CCUSCarbon Capture Utilization and Storage 등과 같은 이산화탄소 포집, 활용, 저장 및 제거를 통해 실질적인 배출량을 제로(0)로 만드는 것을 말한다. 즉, 배출되는 탄소와 흡수되는 탄소량을 같게 해서 탄소 순배출이 제로가 되게 하는 것이다. 지속 가능한 녹색사회 실현을 위한 대한민국 2050 탄소중립전략의 5대 기본방향은 다음과 같다.

· 깨끗하게 생산된 전기·수소의 산업, 수송, 주택/건물 부문 활용 확대
· 디지털 기술과 연계한 혁신적인 에너지 효율 향상
· 철강, 석유화학, 전력 등 산업 전 분야의 탈탄소 미래기술 개발 및 상용화 촉진
· 순환경제로 지속 가능한 산업 혁신 촉진
· 산림, 갯벌, 습지 등 자연·생태의 탄소 흡수 기능 강화

탄소중립을 향한 전략산업 분야는 에너지공급, 전략생산, 철강, 석유화학, 운송/수송, 주택/건물, 농축수산 등 모든 인류의 생활과 산업 전 부문에 걸쳐 있다. 탄소중립을 실현하기 위한 주요한 에너지원이자 기술의 기준으로 수소가 점점 더 크게 주목되고 있다. 수소경제는 대한민국뿐만 아니라 전 세계적으로 인류의 삶에서 빼놓을 수 없는 기반이 되고 있다. 전기가 처음

산업에 활용되기 시작했을 때, 지금처럼 모든 사람이 삶에 꼭 필요한 삶의 기본 에너지방식으로 될 것으로 예측되지는 못했을 것 같다.

지금도 여전히 앞으로 수소 산업이 앞으로 어떻게 발전할지에 대한 의문은 여전하다. 산업은 아무리 그 기반 기술이 훌륭할지라도 누가, 언제, 어떻게 투자를 하고 활성화시키느냐에 따라 그 성패가 좌우된다.

수소는 전 세계적으로 국가가 중심으로 수십 년간 연구개발된 기술과 실증결과물들에 대해 글로벌 대기업들이 투자를 본격적으로 시작하고 있는 대상이 되었다. 그리고 2030년, 2040년, 2050년이라는 구체적인 시점과 숫자를 목표로 두고 집중관리하기 시작했다. 그리고 그에 대한 구체적인 법과 규정이 조만간 완성되면서 본격적인 산업으로 급격한 성장을 이룰 수 있을 것이다. 이에 대한 기술의 내재화, 길목 선점 그리고 산업생태계 내에서의 경쟁력 있는 포지셔닝을 한 기업이 또 다른 기회를 맞이하게 될 것이다.

게임
체인저

    게임체인저Game Changer란 어떤 일에서 결과나 흐름의 판도를 뒤바꿔 놓을 만한 중요한 역할을 한 인물이나 사건, 제품 또는 회사를 말한다. 기원전에 발명된 종이와 바퀴, 1902년 캐리어Carrier 에어컨, 1914년 선백Sunback의 지퍼, 1977년 애플 PC, 1983년 MS의 윈도우Windows, 1993년 다이슨의 진공청소기, 2007년 애플의 아이폰, 그리고 아마존, 페이스북, 테슬라 등은 새로운 게임체인저로서 세상을 바꿔왔다.

    피터 피스크Peter Fisk는 그의 책《게임체인저》에서 "다른 게임을 하라"고 했다. 다른 게임이란 무엇일까? 피터는 책에서 높이뛰기 선수인 딕 포스버리Dick Fosbury를 하나의 예로 들었다. 딕은 키도 작고 왜소했으나, 1968년 멕시코 올림픽에서 금메달을 땄다. 딕 이전에 높이뛰기 선수는 가슴이 땅을 보며 장대를 넘었다. 하지만 딕은 장대로 등을 지고 하늘을 보며 장대를 넘었고 이것이 오늘날의 배면뛰기다.

    피스크는 게임체인저들은 정해진 역할이나 질서에 구애받지 않고 자신만의 게임을 하는데 그들은 왜Why, 누구Who, 무엇What, 어떻게How의 4가지 영역에서 혁신을 시도한다고 했다. 자신의 일과 삶에서 이 4가지가 어제도 오늘도 내일도 같다면 변화나 성장을 바라기는 어렵다. 매일 같은 사람을 만나고 같은 일을 같은 방식으로 한다면 게임을 바꿀 수 없다. 그러나 게임체인저들은 그렇게 하면서도 그 일에 대한 목적^{Why}을 다르게 해서 남들과 다른 게임을 한다.

토마스 쿤$^{Thomas\ Samuel\ Kuhn}$이 그의 책《과학혁명의 구조》에서 제안한 '패러다임^{Paradigm}'은 '어떤 한 시대 사람들이 견해나 사고를 근본적으로 규정하고 있는 테두리로써 인식의 체계 또는 사물에 대한 이론적인 틀이나 체계'를 말한다. 패러다임은 패턴, 표본 등을 의미하는 그리스어인 파라데이그마를 영어화해서 만든 용어로써, 예를 들면 우주가 움직이는 것으로 믿는 천동설에서 지구가 도는 지동설로 이론 체계가 변화하는 과정을 과학혁명의 단적인 예로 제시했다.

게임을 바꾸는 일은 판세나 판도를 바꾸는 것이다. 위대한 영웅이나 훌륭한 과학자만 패러다임을 바꿀 수 있는 것이 아니라 일반 사람들도 게임의 판을 바꿀 수 있다. 운동경기에서 경기력이 우수한 선수 또는 때로는 큰 활약을 하지 못하던 선수가 골을 넣거나 홈런을 치면서 게임의 판세를 완전히 바꿔 놓는 경우도 있고, 월드컵이나 올림픽과 같은 큰 경기에서 팀의 분위기와 팀워크가 실력을 뛰어넘는 드라마틱한 결과를 이끌어내기도 한다.

전 세계는 코로나19라는 팬데믹을 통해 새로운 세상과 뉴노멀New Normal의 시대를 맞이했다. 짧은 기간 동안에도 어떤 산업은 사라지고, 어떤 산업이 새로운 기회를 통해 부흥하는 것을 눈으로 확인할 수 있었다.

개인의 능력이나 비즈니스의 기반이 하루아침에 바뀌기는 어렵지만, 생각의 틀을 바꿔 Why, Who, What, How를 새롭게 생각해서 남들과 다른 게임을 할 수 있다면 상상하지 못했던 목표를 이루어낼 수 있다.

Carrier 저장과 운반의 기술

프랑스 패션디자이너이자 명품 브랜드 루이 비통의 창업자인 루이 비통Louis Vuitton은 1821년에 프랑스 쥐라주의 소도시에서 태어났다. 어린 시절 부모님이 돌아가시고 일자리를 찾아 파리로 이주한 후, 1854년에 자신의 이름을 걸고 매장을 열었다. 이후 자신만의 평평한 모양의 트렁크 제품을 출시해서 인기를 끌며 여행용 트렁크 분야에서 입지를 키워나가기 시작했다.

루이비통이 사각 모양의 트렁크를 출시하기 이전까지는 둥근 모양의 나무 덮개가 있는 트렁크를 주로 사용했다. 둥근 형태 때문에 물건을 쌓기 힘들고 실용성이 떨어졌다. 특히 철도나 대형 선박 등을 이용하는 장거리 여행이 늘어나게 되면서 옷도 많이 담을 수 있고 충격에 의해 손상되지 않는 트렁크에 대한 요구가 확대되었다. 튼튼하고 실용적인 루이비통의 제품은 더욱 시장을 넓혀갈 수 있었다.

인류는 농경과 목축을 하게 되면서 정착해 농사를 짓거나 가축을 길러가면서 음식을 저장해뒀다가 먹을 수 있게 되었다. 현대로 와서, 바다와 멀리 떨어진 내륙에서 생선을 먹을 수 있도록 하기 위해서, 생선을 상하지 않고 오랫동안 보관하고 운반할 수 있는 다양한 방법들이 사용되었다. 현대에는 통조림과 같은 기술들이 발명되기도 했다. 통조림은 1804년에 나폴레옹이 전쟁으로 식량 사정이 악화되자 식품을 장기 보존할 수 있는 용기를 현상 공모한 데서 시작되었다.

반도체는 전자장치나 IT기기의 입출력을 비롯한 여러 가지 기능을 수행하는 부품으로 입출력, 연산, 센싱, 저장 등의 기능을 하는 현대에는 없어서는 안 될 제품 중의 하나다. 앞으로 4차 산업혁명 시대에 필요한 IoT, 자율주행, 인공지능 등의 솔루션을 구현하기 위해서도 핵심부품이 되고 있다. 특히 메모리 반도체의 경우, 그 저장용량이 10년에 1,000배씩 증가하고 있다. 그만큼 많은 정보를 저장해서 필요할 때 빠르게 사용할 수 있는 기술이 요구되고 있는 것이다.

탄소중립 시대를 맞이하면서 앞으로는 태양광이나 풍력 같은 재생에너지를 어떻게 잘 저장해서 필요할 때 필요한 곳에서 사용할 수 있도록 하는가에 대한 신시장이 만들어지고 있다. 이제까지는 만들어진 전력에너지를 전력망으로 곧바로 전송하거나 ESS와 같은 배터리저장장치에 저장해서 왔다. 하지만 송전탑의 증설과 배터리저장장치에는 전력에너지를 전송하거나 담아서 저장하는 데 한계를 맞고 있다. 이에 대한 새로운 대안이 수소고, 수소에너지는 친환경 재생에너지에 대한 가장 적합한 에너지 캐리어Energy Carrier로 평가받고 있다. 무언가를 효율적으로 저장하고 운반할 수 있는 기술은 역사를 바꾸며 새로운 시장을 창출해왔다.

앞으로도 데이터나 에너지와 같은 점점 사용량이 방대해져서 이제까지의 방식으로는 저장이나 운반에 한계를 맞을 분야는 새로운 시장에 대한 요구와 기회가 더욱 확대될 것이다.

파는 방식이
다르다

커머스^{Commerce}란 물건을 사서 파는 것을 말한다. 생산과 제조 또는 소비와는 구별되는 개념이고 사서 판매하는 업무 프로세스를 가지지만, 주로 구매자의 역할보다는 판매자의 역할에 좀 더 초점이 맞춰져 있다.

커머스는 일반적인 유통개념의 생산자, 도매점, 소매점, 소비자 간의 상호 역할을 통해 서로의 이익을 얻는 형태로 발전해왔다. 이는 공간, 시간, 정보 또는 가격적인 틈새, 즉 갭^{Gap}을 메꾸면서 서로에게 부족한 부분을 담당하는 역할을 통해 커머스 비즈니스를 성장시켰다.

유통 시장은 자본과 역량을 가진 개인에 의해 장악되기도 했고, 규모와 속도를 가진 대형마트에 의해 평정되기도 했다. 즉, 커머스 밸류체인 내에서 누가 가장 큰 가치를 임팩트 있게 제공하느냐에 따라 시장은 만들어졌다. 대형마트의 경우, 마케팅을 통한 브랜드 인지도로 소비자들에게 신뢰감을 줄 수 있고, 대량구매를 통해 가격경쟁력 및 한 장소에서 구매나 환불이 가능하게 하거나 포인트를 사용할 수 있도록 해주는 등의 편의성을 제공했다. 오프라인 커머스 시장에서 대형마트는 막강한 강자였다.

통신과 스마트기기의 기술이 발전하면서 대형마트는 온라인 커머스에 위협받기 시작한 지 오래다. 또한, 위탁판매라는 방식을 통해 매장과 재고와 자본이 없이도 수만 개 이상의 자신의 온라인 매장에 올려놓거나 온라인 커머스 사이트에 판매할 물건을 등록하고, 소비자의 구매를 기다릴 수 있는 세상이 되었다. 이 또한 경쟁이 심해지면서 경쟁력을 가진 신흥 선두주자들이 계속해서 나오고 있지만, 예전처럼 전략이 있어도 준비된 리소스가 부족해서 진입이 쉽지 않던 시대와는 많은 부분에서 달라진 것이 사실이다.

이제는 빅데이터, 인공지능 등을 통해 새로운 소셜 커머스가 점차 진화하고 있는 시대다. 인터넷에서 사람들이 어떤 물건을 가장 많이 검색하고, 언제 어떤 물건이 가장 많이 팔리고, 어떤 물건을 누가 가장 많이 팔고 있는지 데이터가 대부분 공개되고 있고, 내가 언제 무슨 물건을 사고 싶어 하는지를 커머스 사업자들이 알고, 수시로 내가 띄우는 인터넷 화면에서 보여주고 있다.

사업의 시작이 쉬워지고 창의력이 뛰어난 많은 사람에게 새로운 기회가 찾아온 것도 사실이며, 커머스 시장에서 성공이라는 목적지에 도달하는 개념과 방식이 모두 달라진 것도 사실이다. 커머스 시장은 점차 공급자 중심에서 소비자 중심으로 변화하며 발전하고 있다. 이는 연관된 배달산업과 같은 새로운 산업을 새로운 형태로 함께 발전시키며 새로운 기회를 제공하고 있다. 분야 또한 차량, 교육, 청소, 세탁, 콘텐츠, 피트니스 등으로 다양해지고 있고, 앞으로 미래 커머스 시장은 사람들이 상상하지 못했던 방향으로 진화할 것이다.

공급 중심이 아니라 수요가 모든 것을 결정하는 시스템이나 방식을 온디맨드On-Demand라고 하는데, 이 말은 예를 들어 소비자가 원하는 콘텐츠를 원하는 시간에 볼 수 있도록 하는 '비디오 온 디맨드'가 사람들이 많이 아는 예다. 이는 공유경제라는 개념과 맞물려 우버Uber 등과 같은 성공적인 서비스를 만들어냈다. 앞으로의 기술발전은 커머스 시장을 공급자 시장에서 더욱 창의적인 소비자 시장으로 확대될 것이며, 미래의 커머스 시장은 소비자의 수요를 미리 더욱 정확하게 예측해서 사전에 대응하는 형태로 발전할 것이다.

Chicken & Egg 인프라 스트럭처

새로운 도시를 건설한다면 집을 건축해야 하고 수도, 가스, 전기와 같은 인프라도 구축해야 한다. 석탄, 석유, 가스, 수소와 같은 신에너지를 새로운 에너지원으로 공급하고자 한다면, 그러한 에너지원을 사용할 수 있는 기기나 어플리케이션이 만들어져야 한다. 3D입체영상이나 홀로그램과 같은 첨단 콘텐츠를 공급하기 위해서는 이러한 새로운 콘텐츠를 볼 수 있는 디바이스나 설비들이 공급되어야 한다.

현실에서 이러한 현상들은 처음에는 해결해야 하는 문제점으로 먼저 다가온다. 왜냐면 이러한 새로운 기술이나 시스템 또는 인프라를 구축하기 위해서는 어느 정도 안정적으로 균형을 맞출 수 있는 시점이 오기 전인 초기 단계에서는 생각보다 큰 규모의 투자가 필요하기 때문이다. 그래서 대규모 공사나 인프라 구축에 대해서는 국가가 나서서 선제적인 투자를 집행해서 보조금을 지원하며 산업을 이끌어가기도 한다. 하지만 이러한 상황들은 일반 민간 기업이나 조직에서도 많이 발생한다. 회사 내에서 영업부서는 물건을 팔려고 해도 팔 물건이 없는데 어떻게 영업을 하느냐고 하면서 빨리 좋은 물건을 만들어달라고 한다. 개발부서에서는 발주를 받을지 안 받을지도 모르는데 물건만 만들고 나중에 하나도 안 팔리면 어떻게 하느냐고 하면서 빨리 의미 있는 규모의 발주를 받아와 달라고 한다.

이러한 이슈를 '닭이 먼저냐. 달걀이 먼저냐'의 문제로 부르기도 한다. 동시에 대규모 투자가 이루어져서 시스템과 디바이스와 콘텐츠와 인프라가 한꺼번에 공급될 수 있다면 좋겠지만,

그런 경우는 거의 찾아보기 어렵다. 비즈니스 디벨로퍼들이 해결하는 어려운 문제 중의 하나가 목적에 맞는 투자와 기술 그리고 사업화 구축을 수순에 맞게 설계하고 한 단계, 한 단계를 해당 조직에 설득하고 승인을 거쳐 결과물에 다다를 수 있도록 하는 일이다.

예를 들어, 멋진 영화를 만든다고 생각해보자. 이를 위해서 대개는 재미있는 각본과 사람들이 좋아할 만한 연기를 하는 배우와 훌륭한 감독과 그 영화를 만들기 위한 필요한 투자가 기본적으로 필요하다. 아무도 처음에는 아무것도 없는 상태에서 무료로 각본을 쓰거나 돈을 받지 않고 시간을 들여 촬영장에서 촬영하거나 각본도 없고 감독이나 주연배우도 정해지지 않은 상태에서 영화 제목만을 보고 좀처럼 투자를 하려고 하지는 않는다. 그래서 많은 일은 무(無)에서 유(有)를 만들어내는 형태로 진행된다. 그래서 비즈니스 디벨로퍼들이 작성하는 자료들 중에는 다음과 같은 자료나 페이지들이 포함된다.

- 시장 분석
- 경제성 분석
- 기술진척도
- 투자 계획
- 투자 회수방안
- 미래가치

1820년에 덴마크의 과학자인 한스 외르스테드^{Hans Christian Örsted}는 전류가 나침반의 자침을 움직이게 한다는 사실, 즉 전류의 자기 작용을 발견했다.

이후 영국의 과학자인 마이클 패러데이^{Michael Faraday}는 자기장을 이용해 전류를 만들 수 있지 않을까 하는 생각으로, 자기장을 변화시킬 때 전류가 흐르는 '전자기유도^{Electromagnetic Induction}' 현상을 발견했다. 이 전자기유도 현상을 통해 현재 여러 형태의 발전기와 변압기가 만들어졌고, 현재 인류는 이 역학적 에너지를 전기 에너지로 변환하는 장치인 발전기를 통해 만들어지는 전기를 편하게 사용하고 있다. 1800년대 초에 그 당시 아무짝에도 쓸모없고, 일반인들은 아무도 관심이 없던 전자기유도 현상에 누군가 투자를 하지 않았고 산업으로 발전되지 않았다면, 2020년대 전기차를 만드는 테슬라의 주가가 폭등하는 것은 볼 수 없었을 것이다.

Company 회사의
발명

주식 투자는 부동산 투자와 함께 현대 일반인들의 주요한 투자 방법 중의 하나다. 주식회사라는 개념은 기원전 2세기경에

로마제국에도 있었던 것으로 알려져 있다. 이후 근대 세계 최초의 주식회사는 1602년에 설립된 네덜란드 동인도회사다. 동인도회사의 설립은 1600년에 영국에서 가장 먼저 설립되었다. 그러나 현대와 같은 주식회사 형태의 회사는 네덜란드 동인도회사가 영국 동인도회사에 비해 10년 정도 먼저다. 이 회사는 동양과 신대륙에서 얻은 부를 원천으로 인도, 동남아시아 등과 무역을 하기 위해 설립되었다. 네덜란드 동인도회사를 계기로 유럽 각국에서는 주식회사 설립 붐이 일어나기도 했다.

그 당시에는 아시아의 후추나 차, 도자기 등이 유럽에서 고가에 팔리고 있었다. 네덜란드의 한 회사가 포르투갈이 독점하던 시장에 진출했다. 그러자 유럽의 여러 다른 나라들이 동남아시아 무역에 덩달아 뛰어들게 되었고 경쟁이 점차 심화되었다.

1600년 영국 상인들은 서로 연합해서 영국 동인도회사를 먼저 설립했다. 이후 네덜란드가 일반 상인들과 의회가 함께 투자하며 뛰어들었다. 네덜란드 정부는 이에 대항함과 동시에 영국과 스페인과의 관계를 파탄내버렸다. 그런데 투자한 자금을 회수하는 과정에서 어떻게 이익을 나눌지에 대한 문제를 해결하는 방법으로 투자금을 한곳에 모은 후 그 자금에 대한 소유권을 나타내는 종이 권리증서를 만들기로 했다. 그 증서에 동인도회사 주식이라고 명기했고 이것이 바로 근대 주식의 시작이었다.

회사를 의미하는 Corporation의 어원은 라틴어로 '한 몸을 이루다'라는 의미다. Company의 어원은 라틴어로 '함께 빵을 먹으며 나누다'라는 뜻이다. 시장이 부흥하거나 성장이 예상되면 투자를 하게 되고, 그 투자의 목적은 투자 회수를 하는 것이다.

사업개발 단계에서 회수에 대한 일정과 규모를 예상하는 것은 매우 중요한 일이다. 이것이 구체적이고 명확할수록 과정에 따른 단계별로 실질적으로 해야 하는 일과 결과물들이 뚜렷해짐으로써 보다 효율적으로 투자를 이끌어내게 된다. 그 투자된 소중한 자금을 원래 목적에 따라 사용해서 결과를 얻고 투자에 대한 회수를 가능하게 해준다.

Creative 상상
이상

창의(創意)는 '새로운 의견을 생각해서 냄. 또는 그 의견'을 말한다. 한편 창조(創造)는 '전에 없던 것을 처음으로 만드는 것'을 의미한다. 또는 '새로운 성과나 업적, 가치 따위를 이룩함'이라는 뜻도 가지고 있다.

창의나 창조는 가훈이나 교훈 또는 기업의 비전에도 많이 쓰인다. 자라나는 아이들이 스스로 창의적인 사고를 하고 기업의 직원들이 창조적으로 혁신을 할 수 있다면 그 미래는 밝다. 하지만 아버지나 교장 선생님 또는 사장님이 창의적이나 창조적으로 생활하거나 일하라고 아무리 말로 설명하더라도 실상은 그렇게 잘되지 않는다. 심지어 그 의미가 무엇인지도 알기 어렵다.

알버트 아인슈타인Albert Einstein은 이렇게 말한 적이 있다. "지식보다 중요한 것은 상상력이다. 지식은 한계가 있다. 하지만 상상력은 세상의 모든 것을 끌어안는다Imagination is more important than knowledge. Knowledge is limited. Imagination encircles the world." 그도 대학을 졸업한 후 처음에는 가정교사와 임시교사를 전전하면서 어려운 시절을 보냈다.

그 후 친구의 소개로 스위스 베른에 있는 특허 사무소 심사관으로 일하면서 논문을 몇 편 발표했는데 이 논문들의 우수성이 세상에 알려지면서 이후 교수가 되고 노벨상을 수상한 위대한 과학자가 되었다. 그도 하고 싶은 일을 하면서 천재성을 드러냈다.

사람들은 어렸을 때부터 상상력을 훈련받고 때로는 채찍질을 당한다. 하지만 상상력은 누가 시킨다고 해서 잘 나오지 않는다. 상상력은 학문에 대한 탐구와 개인이나 기업의 성장을 향한 열정을 통해 발휘된다. 그러기 위해서는 그것을 위한 계기가 있거나 명확한 목표나 비전이 제시되거나 아니면 대가나 보상이 주어지는 것이 필요하다.

　사업개발의 창조적인 혁신은 그 목표가 재무적 성장인지, 고객을 위한 가치창출인지, 아니면 새로운 비전인지, 또는 그 모두 다 인지가 명확할 때 훨씬 더 그 속도와 효율을 높일 수 있다.

　일반 사람들이 자신이 가장 좋아하는 것을 할 때 상상도 못했던 창의적인 아이디어를 만들어내듯이 사업개발도 그 동기나 보상이 명확하거나 결과물에 대한 형상이 당사자에게 뚜렷해질수록 좋은 결과를 나타낼 확률이 커진다.

　누군가를 사랑하게 되었을 때, 그 사람은 상상력이 커진다. 용기와 직관력이 커지고 풍부한 감정을 드러내게 된다. 문제에 부닥쳤을 때 한계를 초월한 해결책을 찾아내기도 한다. 누군가의 사랑의 상대가 사람이거나 학문이거나 사업이거나 인생이거나 무엇이든 사랑을 하게 되면 창의력이 발휘될 수 있다. 상상력의 발휘를 종용하기보다는 스스로 또는 동반자들에게 그 이유를 명확히 제시하는 것이 더욱 효과적일 것이다. 즐거움이 일이 되면 힘들어지지만, 일이 즐거움이 될 수 있도록 만들 수 있다면 그 일에서 아인슈타인이 말한 것처럼 세상을 끌어안는 무한한 상상력이 발휘될 수 있다.

Consignment 위탁의
시대

아마존의 제프 베이조스Jeff Bezos는 팀Team 빌딩과 조직운영을 보다 효율적으로 하기 위해서 '피자 두 판의 법칙'을 내놨다. 이 법칙은 팀원의 수나 회의에 참가하는 사람의 수가 피자 두 판으로 식사를 마칠 수 있는 규모 이상이 되어서는 안 된다는 것이다.

조직 내의 좋은 커뮤니케이션과 우수한 의견 도출은 많은 사람이 함께한다고 해서 나아진다고 보기 어렵다. 오히려 작은 팀 단위의 소규모 조직이 보다 활발하게 소통하고 빠른 의사결정과 강한 동기부여를 통해서 보다 창의적인 의결을 도출할 수 있게 된다. 조직이 작을수록 개개인의 행동이 결과에 미치는 영향력이 커진다. 이러한 영향력이 동기부여와 보상에도 더욱 효과적이다.

회사가 창업해서 5명 이내로 일을 할 때는 회사의 리더가 모든 직원들과 원활히 소통하며 원하는 목표를 향해가며 성과를 창출할 수 있다. 하지만 10명이 넘으면 한 명의 대표가 모든 직원들에게 동기부여와 비전을 구체적으로 제시하며 소통한다는 것이 서로 간에 힘든 시점을 맞이하게 된다. 그럴 때는 조직원 중의 누군가를 새로운 또 다른 리더로 임명해서 권한을 위임하고 소통할 수 있도록 만들어주어야 한다.

이러한 방식을 조직 외부에 적용하는 것이 아웃소싱이나 위탁과 같은 방식이다. 혼자서 모든 일을 다 처리할 수 있는 조직은 없다. 만일 그런 조직이 있다면 그것은 조직이라는 표현보다는 사람이 많은 개인이라는 표현이 더 맞을 수 있다. 아웃소싱이나 위탁은 오래전부터 있었지만, 점점 그 범위가 다양해지고 어떤 일을 전문적으로 더 잘할 수 있는 세분화된 전문가 집단들이 강화되면서 최근에는 더욱더 다양하고 많은 일들을 위임하는 것이 좋은 리더의 덕목이 되고 있다.

<u>Cube</u> 초월

한국이 메모리 반도체 분야에서 세계 최강자 지위를 유지하고 있지만, 시스템 반도체의 팹리스(반도체 설계)나 파운드리(위탁 생산) 분야에서는 미국과 대만을 뛰어넘지 못하고 있다.

특히 모리스 창의 TSMC 외에도 대만계 리더들이 이끄는 AMD(리사 수), 엔비디아(젠슨 황), 자일링스(빅터 펭)는 반도체 분야에서 세계적인 규모와 기술력을 가진 글로벌 기업들이다. 시장조사업체 옴디아가 발표한 팹리스의 국가별 점유율 순위(2020년 기준)를 보면 1위는 56.8%를 차지한 미국이다. 그다음으로 대만

(20.7%), 중국(16.7%), 한국(1.5%)순이었다.

엔비디아의 젠슨 황Jensen Huang은 'GPU Graphics Processing Unit
의 아버지'에서 자율주행, AI, 양자컴퓨팅, 5G, 로보틱스와 메타
버스 등으로 사업영역을 넓혀가며 미래 IT시장에 대한 전방위
적인 진출을 이어가고 있다. IT분야에서의 인프라 기술력을 통
해 누가 일등이 되더라도 그 생태계를 장악하겠다는 전략이다.
그는 "더 좋은 그래픽카드를 살수록 더 많은 돈을 아끼게 됩
니다The more GPU you buy, the more money you save"라고 말하기도 했
다. 그런데 비트코인 채굴에 엔비디아의 그래픽카드가 많이 쓰
이면서 전자제품 시장에서 오랜 품귀현상을 이끌며 제품과 브
랜드에 대한 팬덤을 이끌며 승승장구했다.

페이스북이 사명을 메타로 바꾸며 오픈한 메타버스 플랫폼인
'호라이즌 월드'가 있다면, 엔비디아는 가상 협업 및 물리적으
로 정확한 실시간 시뮬레이션을 위해 구축된 개방형 플랫폼인
'옴니버스Omniverse'를 공개했다. 이를 통해 크리에이터, 디자이
너, 연구자 및 엔지니어는 주요 설계 도구, 자산 및 프로젝트를
연결해서 공유 가상 공간에서 협업하고 과정을 반복할 수 있으
며, 개발자와 소프트웨어 제공업체는 옴니버스의 모듈식 플랫
폼에서 확장 프로그램, 앱, 커넥터 및 마이크로 서비스를 쉽게
구축 및 판매해서 기능을 확장할 수도 있다'라고 소개하고 있다.

안주와 불안에서 벗어나라 **비즈니스 디벨로퍼**

실제 지구상의 공간에서 3차원 입체 디스플레이를 구현하기 위한 다양한 기술들과 제품들이 개발되어왔다. 이제 메타버스를 통해 시공간을 초월하는 4차원 세상을 만나게 될 것이다. 과거와 미래의 세상을 여행하는 것으로 그치는 것이 아니라 과거와 미래의 나를 현재의 내가 만나거나 그 시대의 사람들과 만나서 감정을 나누거나 배움을 얻을 수도 있게 된다. 페이스북이나 애플을 통해 이제까지 없던 새로운 세상을 만났듯이 이제는 그보다 훨씬 놀랍고 상상하지 못했던 세상을 만나게 될 것이다. 여기에 필요한 수많은 요소기술들이 지난 수년간 개발되어왔고, 이제 말로만 무성하던 그 기술들이 현실이 되어 보다 가까이 즐기고 사용하는 순간이 눈앞에 도달해 있다.

넘어서라

기적을 원한다면 기도를 하고 결과를 원한다면 일을 하라.

- 성 아우구스티누스(Aurelius Augustinus) -

Compound 가속도에 투자하라

워렌 버핏은 가치 투자로 큰 성공을 이룬 투자자지만 금에 투자하지 않는 것으로 유명하다. 그는 현금흐름을 창출하지 못하는 실물이나 원자재 투자를 즐겨 하지 않고, 좋은 현금흐름과 독점력, 성장성을 중시하는 것으로 알려져 있으며, "금^{Gold} 수요의 극히 일부분만 금니, IT제품에 쓰이고, 90% 이상은 관상용인데 단순히 관상용인 금에 투자한다는 것은 비생산적"이라고 말한 바 있다. 시간에 대한 투자를 통해 수천 배 이상의 성장을 통한 성과를 거두기도 하는 투자 성향상 그 가격의 등락이 상대적으로 크지 않은 금에 투자하지 않는 것이 이해가 가는 측면도 있다.

그런데 2020년에 버핏이 운영하는 버크셔해서웨이는 캐나다에 본사를 둔 세계 2위의 금광업체 배릭골드^{Barrick Gold Corp}의 지분 1.6%를 매입했다. 금에는 투자를 하지 않았지만 금광사업에는 투자를 한 것이다. 한편 생각해보면 일반인이나 일반 회사가 원유가격이 오를 것을 기대하고 원유를 사서 어딘가 저장해 둘 공간을 마련해서 원유를 저장해서 두는 것보다는 정유회사에 투자하는 것이 훨씬 합리적일 것이기 때문에 그렇게 흥미로운 사건이 아닐 수도 있지만, 역시 버핏이었기 때문에 사람들은 그 투자처와 투자의 이유에 대해서 관심을 두지 않을 수 없었다.

그는 역시 '사업'과 '가치'와 '배당'에 투자를 한 것이다. 가치는 한없이 하락할 수도 있지만, 기하급수적으로 늘어날 수 있다.

물리학에서 속도$^{V, Velocity}$는 단위 시간 동안 위치의 변화를 말한다. 그리고 물체의 속도가 시간에 따라 변할 때 단위 시간당 변화의 비율을 가속도$^{A, Acceleration}$라고 한다. 그리고 그 가속도에 질량$^{M, Mass}$을 곱한 것을 힘$^{F, Force}$이라고 한다. 누군가 매달 100만 원씩 저축을 해서 1년에 1,200만 원씩 저축을 해서 10년 동안 유지를 한다면 저축으로 10년에 약 1억 2,000만 원의 자산의 증가를 가져올 수 있다. 일정한 속도를 유지하며 자산을 증가시켰다.

그런데 어떤 사람은 첫해는 매달 100만 원씩 저축하고, 다음 해에는 매달 110만 원, 그다음 해에는 120만 원씩, 그리고 그다음 해에는 130만 원씩 이런 식으로 10년간 저축을 했다면 1억 9,800만 원을 저축할 수 있다. 즉, 변화의 비율을 상승시켜 자산의 더 큰 성장을 가져올 수 있다.

그런데 보통 이런 정도의 성장률을 가지고 성장성이 있다고 하지는 않는다. 왜냐면 일반적인 물가상승률이나 임금상승률과 비교해서 그보다 더 큰 성장률로 성장하지 않는다면 오히려 평균에 비해 뒤처지는 결과를 얻게 되는 경우도 많기 때문이다.

예를 들어 특정지역에서 부동산의 가치가 매년 30%씩 상승하는 시기가 있었고, 그 시기에 같은 지역에서 3% 내외의 물가상승률과 임금상승률이 있었다면 그 지역에서 부동산 자산을 가진 것과 가지지 않고 있었던 것의 차이는 꽤 크다.

어딘가에 투자했거나 시간과 노력을 들였을 때, 그것을 했느냐 하지 않았느냐에 따라 수익률의 결과는 달라지게 되고, 그렇기 때문에 투자를 통해 성장하려고 하는 사람들은 높은 성장을 가져다줄 수 있는 수익률, 즉 가속도에 투자한다.

Crevasse 빙하를 넘을 수 있는가

'크레바스Crevasse'란 빙하가 흘러내릴 때 깨져서 생긴 틈을 말한다. 크레바스가 위험한 이유 중의 하나는 눈이 덮여 그 존재가 잘 드러나지 않는 '히든 크레바스Hidden Crevasse'가 많기 때문이다. 그 크기는 작게는 수십 센티미터cm에서 수십 미터m에 이르는데 그 깊이는 수백 미터m가 넘기도 한다. 그래서 극지를 탐험하거나 높은 산에 도전할 때는 크레바스 지역을 지나갈 때의 위험에 대비하는 구조훈련이 포함된 생존훈련을 받는다. 보이지 않는 크레바스에 빠지지 않기 위해서 장비를 단단히 구비하고 앞뒤 사람의 허리에 단단히 로프를 매고 지나가기도 한다.

사람들의 기대수명은 늘어나는데 은퇴 시기는 빨라지면서 '소득 크레바스Income Crevasse'라는 말이 생겨났다. 예를 들어서 평균 퇴직 시기인 50대 즈음에 퇴직해서 60세에서 65세 이후부터 연금을 수령할 수 있다면 그사이의 소득이 없는 공백 기간을 소득 크레바스라고 한다.

요즘은 결혼도 늦게 하다 보니 출산 시기도 늦어져서 50대면 한창 아이들이 학생이라 들어갈 돈도 많은 시기인데, 일찍 퇴직을 해서 소득 크레바스를 맞이한다면 그 공포와 위험은 빙하 크레바스에 비교할 만하다. 대체로 공부도 늦은 나이까지 하고 취업이나 창업을 하는 시기도 예전에 비해 늦어졌다. 그렇게 따지자면 대략 30세부터 50세까지 20년 정도 벌어서 집도 사고 아이들을 키워서 결혼시키고 더 긴 시간을 살아내야 한다.

소득 크레바스는 스타트업이 창업을 해서 소득이 들어오기까지 '죽음의 계곡Death Valley'을 지나가면서 고통스럽고 어려운 기간을 보내는 것과는 또 다른 느낌이다. 좋은 대학을 나와서 안정된 직장에 들어가서 편안하게 직장생활 잘하다가 어쩌면 갑자기 맞이하게 되는 잘 보이지 않고 체감되지 않는 소득 크레바스에 대한 보다 철저한 대비가 필요한 것이 아마 이런 이유일 것이다.

남극을 탐험하고 에베레스트 정상에 도전하는 것에 버금가는 삶의 개척 가운데 불현듯 맞닥뜨릴 수 있는 크레바스에 대비하기 위해서 많은 사업가들은 새로운 비즈니스를 개척하고 투자자들은 새로운 투자처를 찾는다.

Consulting 전문가 영업을 하고 있는가

성장인 부진한 회사들은 아래와 같은 상황에 처해 있는 경우가 많다.

- 경영진의 신사업에 대한 강한 의지
- 심화되는 시장 경쟁
- 성장동력 부재
- 매출 정체 및 성장 부진
- 비용상승에 따른 이익 저하
- 매너리즘

영업은 단순히 물건을 싸게 사서 비싸게 파는 판매원이 아니라 전문적인 지식을 가지고 고객의 문제나 고통 또는 욕구를 해결해주는 인사이트 세일즈 및 마케팅Insight sales & marketing의 역할로 점점 더 전문화된 영역과 역할로 확장되고 있다. 회사 내에서 같은 아이템과 솔루션을 가지고 같은 시장 내에서 플레이 Play(사업활동)를 해서 사업을 성장시키는 데는 한계가 있다. 그래서 회사는 항상 성장전략을 고민하게 된다. 그런데 회사 내에서 주로 전략은 누가 담당을 하고 있는가? 어느 정도의 규모를 가직 조직에서는 미래전략실이나 전략기획본부에서 회사 전체의 미래전략을 만들어가기도 하고, 많은 회사에서는 회사의 대표 또는 경영진의 생각이 전략이 되는 경우도 많다. 그러다 보면 때로 고객의 일선에서의 요구나 시장이 실제 환경에 반영되지 않는 정말 먼 미래에 있을 법한 현실과 맞지 않는 전략이 구축되어 전 조직에 명령처럼 지시되어 괴리감을 낳게 되는 경우도 발생한다.

그래서 전략은 각 부서의 업무보고와 함께 상시로 논의되어야 하고, 각 조직의 성장전략이 모여 회사 전체의 전략이 완성되고 그 전략이 고객의 문제나 고통 또는 욕구를 해결해주며 성장할 수 있는 방안으로 마련되어야 한다.

· 경영전략
· 영업전략
· 고객전략
· 상품전략
· 개발전략
· 생산전략

안주와 불안에서 벗어나라 **비즈니스 디벨로퍼**

- 재무전략
- 구매전략
- 신사업전략
- 사업개발전략

이와 같은 전략들은 B2B Business to Business 영업, 즉 개인이 고객이 아닌 회사가 고객인 영업에서 필수적이다. B2B 영업 대표들은 단순히 물건을 파는 판매자가 아니라 회사를 대표해서 고객 회사 전체를 상대해서 컨설팅을 통한 제품 또는 솔루션을 판매하게 된다. 이를 위해서 속해 있는 회사 전체의 상황과 전략에 대한 이해가 필요하고, 이를 전문가다운 목소리와 제안을 통해 거래를 이끌어내야 한다.

아픈 사람은 병원에 가서 아픈 곳과 아픈 상황을 이야기해서 의사로부터 처방을 받고 고통에서 벗어난다. 하지만 전문가 영업 대표들은 아픈 곳을 쉽게 또는 자세히 이야기하지 않는 고객들을 찾아가서 상대 고객 회사 또는 고객 회사의 담당자 문제와 욕구를 해결하는 역할을 하게 된다. 그리고 사업개발 전문가들은 현재의 상황에 대해 크게 불편하거나 미래의 변화된 모습에 대해서도 크게 만족감을 느끼지 않을지도 모르는 누군가에게 새로운 솔루션과 청사진을 제안해서 더 나아진 결과물로 변화를 시도하기 위해서, 보다 전문적인 지식으로 새로운 그림을 세상에 제안해나간다.

컨설팅은 어떤 분야에 대해 전문적인 지식과 정보 그리고 경험을 바탕으로 상대방에게 문제나 고통 또는 욕구에 대한 해결책을 제시해주는 서비스를 하거나 그 문제를 함께 풀어가는 조력자의 역할을 말한다. 일명 전문직 종사자들의 대부분이 자신이 가진 역량이나 라이선스를 가지고 이러한 일을 하고 있다고볼 수 있다.

정보화 시대 이후에 인터넷을 통해서 많은 정보를 얻을 수 있게 되면서 일반인들은 혼자서 검색이나 동영상을 보고 법률이나 의학적인 정보를 얻어서 본인이 문제를 해결하려고 하거나실제로 그렇게 하고 있기도 하다. 그래서 전문가들의 역할은 이제 이전과 같이 단순히 남들이 모르는 정보를 알려주거나 대행을 해주는 업무를 벗어나 보다 전문적이고 세밀한 영역까지 발전을 하고 있다.

영업이나 사업개발도 마찬가지다. 경쟁자들은 이미 뻔한 방식의 영업이나 사업개발 영역을 벗어나서 이제까지 없던 방식으로 그 영역을 펼쳐나가고 있다. 더 나은 컨설팅을 하기 위해서는보다 전문적인 지식과 접근이 필요해지고 있다.

<u>Circumstance</u> 환경 분석을
하고 있는가

STP는 시장 세분화Segmentation, 표적 시장 선정Targeting, 포지셔닝Positioning의 머리글자를 딴 마케팅전략 중 하나다.

· **Segmentation** : 제품에 대한 요구, 지리적 및 인구 통계적 구분, 다양한 변수에 따라 집단으로 구분해서 전체 시장 중 전략적으로 가장 접근 효율성이 좋은 정도 및 종류에 따라 나누는 것
· **Targeting** : 세분화된 각각의 시장의 장단점과 특징을 구분해서 제품 또는 솔루션 또는 제공하고자 하는 서비스나 개발방향을 구분해서 가장 적합한 목표 시장을 선정하는 것
· **Positioning** : 목표하는 시장에 대해서 가지고 있는 제품이나 솔루션 또는 역량이나 서비스의 종류에 따라 고객 또는 상대방에게 어떤 방식으로 브랜딩해서 위치를 정하거나 전체 시장에서 어떤 규모 또는 이미지를 정해서 시장에서 유리한 위치를 차지할 것인가를 결정하는 것

이중 표적 시장 선정Targeting에 대해서는 비차별화전략, 차별화전략, 집중화전략 등의 구체적으로 설정된 전략방안을 정하기도 한다.

- **비차별화전략** : 넓은 시장을 대상으로 전방위적인 시장 진입을 시도하는 것이다. 이는 큰 시장을 상대로 할 수 있는 장점이 있지만, 그만큼 차별적인 요소를 두고 공략하는 것이 상대적으로 어렵기 때문에 시장의 도입기에 주로 시도되는 방식이다.
- **차별화전략** : 세분화된 시장에 대해 차별적인 마케팅전략을 펼치며 상대적으로 많은 비용이 소요된다. 전략이 주요해서 목표 시장 진입에 성공할 시, 매출과 이익이 증가하고 고객의 만족도가 늘어날 수 있다.
- **집중화전략** : 특화된 제품으로 특화된 목표 시장을 공략하는 방식이다. 이는 적은 자원으로도 집중화된 전략 시장을 공략할 수 있기 때문에 성공할 시, 시장 내에서 독점적인 지위를 차지할 수 있고 진입장벽이 높은 솔루션일 경우, 경쟁자들이 쫓아올 기간 동안 시장 지위를 통해 강력하게 시장을 선도하며 누릴 수 있다. 단, 시장의 요구도나 적합성이 떨어질 경우 불확실성에 따른 실패의 가능성도 동시에 감수해야 하며, 생각지 못한 경쟁자 또는 대기업의 빠르고 갑작스런 시장 참여 시의 어려움을 겪을 수도 있다.

이 STP와 동시에 필요한 전략 중 하나가 환경분석Circumstancing이다. 고객과 시장을 구체적으로 세분화하고 전략적인 목표 시장을 정하며 훌륭한 자신만의 위치를 점하기 위해서 그만큼

안주와 불안에서 벗어나라 **비즈니스 디벨로퍼**

시장에 대한 정밀하고 전략적인 분석이 중요하다. 그 환경분석은 외부적인 환경은 물론이고 내부적인 환경에 대한 분석도 포함한다. 즉 내가 가진 자원과 능력에 대한 정확한 분석이 가능할 때 시장에서 보다 나은 경쟁적 우위를 가지고 목표를 달성할 수 있는 접근을 할 수 있다.

CSTP전략(환경분석전략, 세분화전략, 표적 시장전략, 포지셔닝전략)은 언제나 빠르고 혁신적으로 변하고 그 속도를 더하고 있는 시장에 주요한 사업개발전략이다.

Comprehensive 종합적으로 이해하고 있는가

드라마 〈미생〉의 주인공 장그래 대사 중에 "전부인 것처럼 보여도 조금만 벗어나보면 아주 작은 부분의 일부임을 알게 된다"라는 말이 나온다. 지금 닥친 어려운 일이 세상을 끝낼 것 같기도 하고, 지금 닥친 일만 해결하면 만사가 해결될 것 같이 느끼기도 하지만, 지금 겪으며 살아내고 있는 일은 큰 세상과 긴 삶의 일부일 뿐이다. 경영과 영업 그리고 사업개발은 영화가 다양한 요소들이 조화롭게 어우러져 멋진 결과물을 완성하는 종합예술이라 불리는 이유처럼, 마찬가지로 다양한 이해들이 잘 어우러져야만 목표한 바를 이루게 된다.

- · 외부환경
- · 내부환경
- · 시장동향
- · 기술동향
- · 제품동향
- · 경쟁동향
- · 조직자원
- · 고객요구
- · 고객가치
- · 관계역량
- · 정책방향
- · 산업구조
- · 자금조달
- · 수익모델

이들에 대한 종합적인 이해와 그것에 대한 전략적 분석과 실행은 통해 목표한 것을 더 효율적으로 이룰 수 있도록 만들어준다. 학교에서 책으로 영어를 배우면서 기초영어라는 단계를 넘어선 후에 고급영어과정에서 영어에 대한 각 요소를 종합적으로 배우는 단계가 있다. 이 안에는 단어, 문법, 독해, 청취, 회화 등 영어 전반의 지식을 종합적으로 배우고 연습한다. 하지만 직접 영어 원어민과 맞닥뜨렸을 때 입도 벙긋 못하고 멍하니 고개만 숙이게 되는 경우가 있다. 지식과 정보는 실전과 다르지만 실전에서 실력을 발휘하기 위해서 충분한 지식과 정보를 습득하고 충분한 연습을 통해 전문가 수준의 실력을 갖춰야 한다. 어디서 어떤 변수가 통로를 가로막을지 모른다. 내 눈으로 보이는 현장은 전체 그림 중의 일부이고 더 큰 실제 그림을 눈으로 보고 알고 해결하기 위해서는 더 큰 그림에 대한 종합적인 이해가 필요하다.

Cumulate 축적
하라

자동차 왕으로 불리는 미국 자동차 회사 포드의 창업자 헨리 포드Henry Ford는 "인간이 이 세상에서 갖게 될 진정한 안전은 지식, 경험, 능력의 축적뿐이다"라고 했다. 포드의 이야기대로 경영목표와 성장을 이루기 위해서는 필요한 축적들이 있다.

· 기술의 축적
· 지식의 축적

- 자원의 축적
- 경험의 축적
- 능력의 축적
- 고객의 축적
- 신뢰의 축적
- 평판의 축적
- 시간의 축적

이들의 축적이 없이 쉽게 만들어진 화려한 모래성은 언제 어떻게 허물어질지 모른다. 하지만 시간을 두고 쌓인 축적물들은 그 자체로 꼭 필요한 순간에 결정적인 역할을 하게 된다.

최소기능제품^{Minimum Viable Product}를 만들어 시장 진입 가능성을 살펴보며 검증하는 린스타트업은 축적이라는 과정 없이 낭비되는 프로세스를 건너뛰고 빠르게 성공의 자리에 안착하기 위한 방식으로 들리기도 하지만, 사실 린스타트업 또한 축적의 중요한 과정 중의 하나다. 스타트업 창업자들은 린스타트업을 통해 실패를 빠르게 겪고 시행착오를 벗어나 안정적인 성공의 길로 한 발씩 나아갈 뿐이다. 이는 경험 없는 스타트업 창업자들이 어느 날 갑자기 만들어낸 것이 아니라 역사적인 기업가들이 많은 경험과 데이터의 축적으로 통해 만들어낸 전략이 발전된 것이다.

완벽한 준비를 마친 이후에 실행하는 것보다 먼저 실행을 시작하고 다가오는 문제점과 위험을 뛰어넘으며 성장하는 축적의 시간이 필요하다. 《레버리지》, 《머니》의 저자이자 기업가인 롭 무어Rob Moore가 그의 책 《결단》에서 "먼저 시작하고 나중에 완벽해져라Start Now Get Perfect Later"라고 말하는 이유도 시작한 이후 축적의 과정에서 얻을 수 있는 보다 큰 가치에 대한 이야기다.

이 책에서 사업개발은 '기회의 개발'이라고 몇 차례 말하고 있다. 내가 지금 마주한 이 프로젝트가, 이 거래가, 이 투자의 기회가 나에게 좋은 기회인지 아닌지를 보다 정확히 판단할 수 있는 능력은 다양한 실패와 시행착오 및 경험을 통해서 커지고, 그 능력을 기회를 맞이하는 '안목'이라고 하기도 한다.

사업개발의 성공은 단순한 몇 가지의 작업에 의해 집중력을 통해 이루어진다기보다는 기회를 판단하는 안목과 인내력 및 집중력이 종합적으로 발휘되어 목적지에 다다르게 하는 축적의 결과물이다.

Cashable 투자의 3요소

최근 개인들의 투자에 대한 관심이나 접근은 예전에 비해 다양해지기도 했지만 구체적이고 전문적으로 변하고 있다. 그 이유로는 늘어난 평균수명, 급격한 부동산 변동성, 인구감소, 풍부해진 현금 유동성, 코로나19와 같은 예측할 수 없는 미래, 보다 이른 경제적 자유에 대한 욕구 등 여러 가지다.

일반인들에게 투자의 3요소라 하면 수익성, 안정성, 환금성을 든다. 예금금리에 따라 투자의 기대 수익률이 예금금리보다 높을 경우, 투자 검토를 하게 되는데 이때 투자 여부를 결정하는 요인이 수익성이다. 그런데 단순히 예금보다 높은 수익을 얻을 수 있다고 해서 투자가 실행되기는 쉽지 않다. 수익성과 함께 고려되어야 하는 것이 리스크가 적거나 감당할 수 있는가에 대한 안정성과 투자자가 원할 때 얼마나 빠르게 현금화해서 다른 투자처에 투자하거나 원하는 곳에 투자금을 회수해서 쓸 수 있게 해주느냐 하는 환금성이다.

기업에게나 개인에게나 투자의 집행은 심사숙고를 거치면서 1년에 한 번도 실행되지 않는 경우도 있다. 특히 개인들에게는 평생에 몇 번 되지 않을 수도 있는 중요한 의사결정이다. 그런데 어렵게 고민해서 진행한 투자가 환금성이 없어 원할 때 쓰지 못한다면 안타까운 상황에 빠지게 된다. 이는 시간적인 개념에서 좋은 투자처에 투자를 한 뒤 가능한 한 오랫동안 그 투자를 유지하는 가치 투자의 개념과 비교될 수 있다. 가치 투자는 현재 제대로 평가받지 못하고 있지만 시간의 흐름에 따라 그 가치가 유지되면서 더욱 커지게 될 투자를 유지할 수 있게 해야 한다는 것이지, 환금성의 의미와는 다소 다른 의미다.

평소에 투자를 많이 해본 경험이 없는 일반인들 중에 퇴직금과 같은 목돈을 매월 수백만 원의 수익을 보장한다는 등의 광고나 소개를 믿고 투자했다가 그 월별 수익금이 점점 떨어지거나 그 투자처의 가치가 떨어지거나 없어지면서 팔고 싶어도 팔수 없는 상황에 빠져 어려움을 겪게 되는 경우를 많이 볼 수 있다. 그래서 성공한 투자자들은 지금 당장 다소 비싸게 보이더라도 내가 아닌 다른 사람도 사고 싶어 할 만한 물건이나 내가 원할 때 얼마든지 빠르게 회수가 가능한 환금성을 투자 의사결정에서 중요한 포인트로 생각하게 된다.

환금성이 높다는 것은 수요가 많다는 것이다. 모든 재화는 수요와 공급에 따라 가격이 정해지기 때문에 수요가 많고 환금성이 높은 투자처는 투자 가치가 오를 가능성이 높다. 그리고 그러한 투자처에 투자된 투자금은 레버리지로 활용할 수 있기 때문에 당장의 매각을 통해서 자금을 회수하지 않더라도 레버리지를 통한 자금의 활용이 가능한 것도 장점으로 작용한다.

Challenge 도전에 가치를
더하라

기준금리가 최저 수준으로 떨어지고 금융기관의 예금금리가 제로금리까지 내려가게 되면 은행에 돈을 맡길 사람은 점점 줄어든다. 경기가 나빠지면 경제를 살리기 위해 돈을 마구 찍어내게 되고 그에 따라 돈의 가치는 떨어지고, 풍부한 유동성으로 시장에 돈이 넘쳐나게 된다. 그러면 사람들은 새로운 사업, 새로운 부동산, 새로운 주식 등 다양한 투자처를 찾게 되는데 이때 많은 사람이 동시에 보다 나은 투자처를 찾고 거기에 투자하려고 하면서 그 가격은 올라가게 되고 점점 투자 가치가 떨어지는 투자처만 남게 된다.

성공하는 투자자들은 항상 보다 나은 투자처를 찾기 위해서 도전한다. 그리고 좋은 물건을 보고 찾아내는 안목도 있지만, 그 투자처에 가치를 더해서 더 나은 가치를 만들어내려고 한다. 사실 일반인들이 목표를 잡고 그 목표에 도달하는 것은 쉽지가 않다. 그러므로 어느 지점에 다다르게 되면 만족감을 느끼며 때로는 멈추고 쉬게 된다. 하지만 어떤 사람들은 어떤 도전을 목표로 해서 그 목표한 지점에 도달했을 때 거기에 어떤 가치를 더해서 더 나은 가치를 만들 것인가를 고민해서 성공을 이루어낸다.

안주와 불안에서 벗어나라 **비즈니스 디벨로퍼**

대학 진학, 회사 취업, 사업 창업은 어떤 사람에게는 목표에 도달이라는 의미가 더 크지만, 어떤 사람에게는 도전의 시작이라는 의미가 더 크다. 사업이나 투자는 내가 하고 싶은 것을 이루는 것보다는 어떤 사람이 원하는 가치를 어떻게 만들어 제공할수 있을 것이냐 하는 쪽에 좀 더 비중이 높다.

내가 원하는 물건을 만들어 쓰거나 내가 살 집을 직접 짓는 사람을 사업개발자나 부동산 개발자라고 하지는 않는다. 사업개발자나 부동산 개발자들은 그 사업을 통해 가치를 제공받을 고객들이 원하는 가치가 무엇인지 고민한다. 특히, 부동산 개발자들은 현재의 노후된 건축물이나 땅 자체를 리모델링이나 재건축 또는 재개발을 통해서 새로운 주인이 원하는 가치를 만들거나 높여 제공하는 사람들을 말한다.

많은 기업이 사훈으로 삼고 있는 '창조적 도전정신'은 직원들에게는 목표한 매출을 어떻게 달성할 것인가 하는 주어진 임무에 대한 실행에 초점이 맞춰지는 경우가 많다. 하지만 기업의 오너들이 사훈을 통해 회사와 직원들에게 실제로 원하는 것은 이제까지 회사에는 없던 새로운 먹거리, 새로운 방식을 통한 변화와 성장이다.

성공하는 '창조적 도전정신'은 '시장'과 '고객' 그리고 '개인'에게 좀 더 집중될 필요가 있다. 회사는 시장과 고객, 개개인의 직원들에게, 그리고 직원들은 회사와 고객 그리고 시장에 보다 나은 가치를 어떻게 제공할 수 있는가를 고민한다면, 좀 더 나은 창조적 도전정신이 성공적으로 실현될 수 있을 것이다.

회사는 직원의 목소리를 듣고 직원의 성장을 가치로 삼고, 직원은 회사의 목소리를 듣고 회사의 성장을 가치로 삼아야 한다. 회사와 직원이 고객과 시장의 목소리를 듣고 거기에 좀 더 나은 가치를 제공할 수 있는 부분에 대해 고민하고, 그것을 위한 도전을 한다면 변화와 성장에 한 발 더 다가서는 것이다.

Culture 문화를 팔아라

스타벅스는 커피문화를 판다. 스타벅스의 하워드 슐츠Howard Schultz 회장은 원칙과 도전을 중요하게 여겼다. 그리고 커피를 통해 전 세계에서 스타벅스라는 문화를 파는 비즈니스를 개척했으며 독특한 일관성을 유지하는 매장 디자인을 통해 브랜드 정체성을 유지하며 사업을 성공시켰다.

최초의 스타벅스 매장은 1971년 미국 시애틀에서 개점했다. 영어 교사 제리 볼드윈Gerald Jerry Baldwin, 역사 교사 제프 시글Zev Sieal, 작가 고든 보커Gordon Bowker라는 3명의 동업자가 점포를 오

안주와 불안에서 벗어나라 **비즈니스 디벨로퍼**

폰하고 그린 커피 원두를 '피츠 커피 & 티Peet's Coffee & Tea'에서 파는 것으로 사업을 시작했다. 그리고 1982년에 사업가였던 하워드 슐츠가 스타벅스에 합류했다. 밀라노로 여행을 다녀온 뒤 슐츠는 커피 원두뿐만 아니라 커피 및 에스프레소 드링크도 판매해야 한다고 주장하고 나섰다. 스타벅스의 창업주들은 그 의견에 반대했다. 음료 시장에 진출한다는 것은 당시 스타벅스 기업의 핵심 사업에서 벗어난다는 까닭이었다. 창업주들의 생각으로는 커피라는 것은 집에서 만들어 먹는 것이었다. 늘 바쁘고 편한 것을 추구하는 미국인에게라면 커피 음료를 팔아 이익을 남길 수 있다고 확신한 슐츠는 1985년 '일 지오날레IL Giornale'라는 커피 바 체인을 차려 사업을 시작했다.

1984년에 볼드윈이 수장으로 있던 스타벅스에 기회가 찾아왔다. 피츠를 인수할 수 있는 기회였다. 1987년 스타벅스 창업자들은 스타벅스 체인을 슐츠의 일 지오날레에 팔아버렸다. 슐츠는 일 지오날레 매장의 브랜드를 전부 스타벅스로 재빨리 바꾸었다. 스타벅스는 크게 확장하기 시작했다. 시애틀 지역 외 매장으로는 캐나다 밴쿠버에 첫 매장을 냈다. 같은 해 시카고에도 매장을 열었다. 1992년 기업 공개를 할 당시에는 스타벅스는 165개의 점포를 소유한 커피점 체인으로 성장했다. 그리고 2021년 현재 전 세계 스타벅스의 매장 수는 32,000여 곳을 넘었다.

역사는 눈에 보이고 만질 수도 있는 하드웨어를 팔다가, 만질 수 없는 소프트웨어를 팔다가 세상에 없는 새로운 메타버스 공간으로 시장을 옮겨가고 있다. 맛과 향이 좋은 커피를 팔던 시대에서 커피와 함께 커피문화가 전 세계 시장으로 진출하는 시대가 된 지 오래다. 앞으로는 가상의 세계에서는 커피를 어떻게 즐기게 되고, 어떤 기업이 그 시장을 장악하게 될지 궁금하다.

Connect beads   꿰어야 보배

'Nothing is complete unless you put it in final shape'는 '구슬이 서말이라도 꿰어야 보배'라는 속담의 영문 번역이다. 좋은 능력을 가진 사람과 좋은 기술을 가진 회사는 많다. 그런데 이것들을 꿰어서 완성된 모습Final Shape으로 만들지 못한다면 그것은 단지 굴러다니는 구슬로 가치가 끝나게 된다. 서로 합쳐진다면 보다 가치 있는 보배가 될 수 있지만, 그렇지 못할 때는 따로 놀게 되고 각자의 멋을 부리고 주장만 하다가 더 나은 가치를 만들어내지 못한다.

비즈니스 디벨로퍼의 주요한 역할 중의 하나가 이 구슬을 꿰는 일이다. 신사업을 발굴하거나 사업개발을 하기 위해서는 다양한 요소의 자원과 역할이 필요하고, 이 흩어진 자원들을 어떻게 잘 엮어서 완성된 가치로 만들어내는가 하는 것이 중요하다. 이것은 통합자의 역할이기도 하고 교량자의 역할이기도 하다.

갑작스레 들이닥친 것 같지만, 오래전부터의 기술과 인프라가 쌓여서 다가와 있는 것이 4차 산업혁명이다. 세계 곳곳에서 빅데이터라는 이름으로 쌓여가고 있는 데이터들도 플랫폼과 연결되거나 고객이나 소비자들에게 가치를 제공하는 완성된 모습으로 꿰어지지 못하고 그대로 서버 어딘가에 묻혀 버려진다면 공기 중으로 떠다니는 먼지와 별반 다를 게 없다.

스타트업 창업가들은 어떤 문제를 풀고 어떤 가치를 고객들에게 제공할지 목표를 명확히 세운다. 그런데 고객들에게 제공하고자 하는 가치는 구슬을 꿰어 만든 멋진 보배목걸이인데도 구슬을 만드는 데 너무 많은 자원을 쏟아붓는다. 그러다가 결국 겨우 구슬을 꿰어서 겨우 보배목걸이를 완성할 때쯤 되었는데 마지막 자금이 부족하거나 시장에서 요구되는 타이밍을 놓쳐 목표에 도달하지 못하고 쓰러지는 경우가 많이 발생한다. 만일 멋진 구슬을 만드는 것이 남들보다 뛰어난 경쟁력이고 그것이 목표였다면 구슬을 멋지게 만들어 목걸이 회사에 공급하는 비즈니스모델을 만들었어야 할 것이다. 좋은 구슬을 잘 꿰는 데 뛰어난 재능이 있다면, 멋진 구슬을 잘 소싱해서 남들보다 경쟁력 있게 보배목걸이를 만드는 데 더욱 집중을 했어야 한다. 똑같이 주어진 시간과 자원 내에서 내가 가진 역량을 남들보다 경쟁력이 없는 곳에 너무 많이 쏟아붓게 되면 좋은 기회를 놓치고 다시 평범한 자리에 서게 되는 경우가 발생한다.

　사업을 원하는 방향으로 이끌어 성공하기 위해서는 다양한 요소의 자원들이 모아지고 연결되어야 한다. 그것은 원재료, 기술, 자금, 시간, 인력, 시장, 공급자, 수요자, 타이밍, 지적재산권, 정책 등 다양하다. 성공에 이른다는 것은 무에서 유를 창조하는 것이 아니다. 이미 세상에는 너무나도 많은 자원들이 흩어져서 각자 플레이를 하고 있다. 유튜버들에게 좋아요 수와 구독자 수는 훌륭한 자원이다. 어떤 유튜버들은 이것을 순수한 자기만족으로 남겨두기도 하지만, 어떤 유튜버들은 그것을 새로운 비즈니스 모델과 연결한다. 그렇게 해서 콘텐츠의 가치를 더욱 증폭시키고, 다른 파트너들과 시너지를 만들어 성장시킨다.

　내가 꿰고자 하는 좋은 구슬들이 어디에 있는지 알고 그것을 꿰어 나갈 수 있다면, 그것은 이미 많은 진전이자 경쟁력이라고 할 수 있다. 생각보다 많은 사람들이 그것이 어디에 있는지 모르거나 찾으려고 하지 않으며, 그것들을 꿰려고 하지 않거나 꿸 수 없다고 생각한다. 그래서 그 틈새를 통해 세상에는 아직 무궁한 기회들이 존재한다. 'IT'는 'Information Technology'의 약자다. 즉, 정보와 기술이다. 내가 원하는 구슬이 어디 있는

지의 '정보'와 그것을 꿰는 '기술'을 합치면 많은 것들을 이루어낼 수 있다.

Clear 군더더기를 버려라

칭기즈칸Chingiz Khan이 이끈 몽골은 100만 명으로 유라시아대륙을 정복했다. 그럴 수 있었던 가장 대표적인 비결을 들자면 그것은 스피드다. 제2차 세계대전 때 독일군이 탱크를 앞세워 진격하던 속도는 하루 42km 정도였던 것과 비교해서, 칭기즈칸이 유럽 정복 전 기간에 걸쳐 움직인 속도는 하루 평균 100km가 넘었다고 한다.

몽골군은 속도를 유지하기 위해 모든 것을 버리고 거의 아무것도 가지지 않은 채 내달려 전쟁에서 승리했다. 당시 유럽의 갑옷이 금속 재질로 약 70kg이었던 것에 비해, 몽골의 갑옷은 나무를 압착해서 겉을 만들고 안에 스프링을 넣어 만든 약 7kg 내외의 가볍고 튼튼한 재질로 만들어졌다. 그리고 식량으로는 소고기를 말려 육포처럼 만든 보르츠를 가지고 다녔는데, 이는 소고기 한 마리 분량을 말려 소의 방광에 넣을 수 있도록 만들어 병사 한 명이 1년간 먹을 수 있었다고 한다. 즉, 식량 보급을 신경 쓰지 않고 꾸준히 앞으로 내달릴 수 있도록 해준 것이다.

칭기즈칸은 9살에 아버지를 잃고 마을에서 쫓겨나 죽을 고비를 여러 번 넘기고 전쟁이 직업인 것처럼 살았다. 그는 스스로 두려움을 극복했고 삶을 이겨냈다. 만일 칭기즈칸이 화살로부터 몸을 보호하기 위해서 70kg에 달하는 갑옷을 입고 달렸거나, 전쟁터에서의 배고픔을 대비하기 위해서 많은 식량을 무겁게 싣고 달렸다면 유럽은커녕 몽골을 벗어나 보지도 못했을 수도 있다. 대신 그는 최대한 군더더기를 빼고 최고의 스피드를 낼 수 있는 상태를 만들어 꿈을 이루었다.

사람들은 무언가를 위한 시작을 할 때까지 많은 준비를 한다. 실력을 갖추고 상황을 만든다. 그런데 그때 어떤 사람은 너무 많은 무기와 장비를 가지고 떠나기 위해서 낑낑대고, 또는 너무 많은 보호장치를 하기 위해서 오히려 그 무거움에 속도를 내지 못한다. 눈앞에 먹잇감을 잡기 위해서 장비를 챙길 시간에 몸을 내달려 잡을 수도 있어야 하고, 날아오는 화살을 피하기 위해 화살을 막아내는 두꺼운 갑옷을 입고 화살을 받아내기보다는 빠르게 피할 수도 있어야 한다.

성공하는 기업들은 목표가 단순하고 선명하다. 그리고 이것저것 따질 시간에 앞만 보고 내달려 멀리 가는 시기를 가진다. 너무 많은 안전장치를 하다 보면 시간도 놓치고 움직임도 둔해진

안주와 불안에서 벗어나라 **비즈니스 디벨로퍼**

다. 꾸준히 성장한다는 것은 전 주기를 같은 크기로 일관성 있게 성장한다고 하기보다는, 그 기간 가운데 한번 크게 성장하는 시기를 꾸준히 기다리는 것이다.

드러내라

벽을 눕히면 다리가 된다.

- 안젤라 데이비스(Angela Yvonne Davis) -

<u>Compliment</u> 누가 어떻게
하는가

켄 블랜차드$^{Ken\ Blanchard}$는《Whale Done, The Power of Positive Relationship》의 저자다. 이 책은 한국에서 출간된《칭찬은 고래도 춤추게 한다》의 원작이다. 블랜차드는 범고래 '샴'의 공연을 본 후, 칭찬이 가져다주는 긍정적인 변화와 인간관계, 그리고 동기부여 방법에 대해 깨달은 점을 경영 우화의 창시자답게 재미있게 풀어냈다.

삶에는 과정이 있고 과정에는 일이 있다. 그리고 일은 사람이 한다. 블랜차드는 "잘되고 있는 모든 일에 관심을 갖고 긍정적으로 말하라", "관리자로서, 팀의 리더로서, 그리고 부모로서 우리에게 필요한 것은 함께하는 사람들의 밝고, 훌륭하고 멋진 부분에 초점을 맞추는 것입니다"라고 말하기도 했다.

만일 자녀가 수학이나 영어는 잘하고 과학이나 체육은 못한다면 어떤 학원에 보내겠는가? 이 문제는 전반적인 실력이 어떻고, 어떤 진로목표를 가지고 있으며, 어떤 교육제도나 환경에 있느냐에 따라 다른 결정을 하게 될 것이다. 모자란 부분을 잘 보강해서 조금만 노력해서 큰 성과를 높일 수 있는 부분을 강화해서 평균을 높이는 결정을 할 수도 있을 것이고, 잘하는 부분을 더욱 잘하게 해서 그 분야에서 탁월한 실력을 갖추도록 할 수도 있을 것이다.

자녀양육의 문제도 그렇지만 비즈니스는 어떤 결정을 하고 어떤 부분에 더욱 자원을 투입하는가의 결정에 따라 다른 결과를 낳게 된다. 왜냐면 부모도 비즈니스도 가지고 있는 자원에는 한계가 있기 때문이다. 그리고 여기서 물질적인 자원의 투입과 결정의 방향과 함께 더 큰 차이를 낳는 것이 그 공부나 일을 하는 사람들의 자세와 그를 위한 동기부여다. 블랜차드는 그 동기부여 중에 가장 효과적인 것이 진정한 마음에서 우러나오는 칭찬과 인정으로 설명했다. 특히 비즈니스에서 그 맡겨진 일을 누가 어떻게 하느냐에 따라 그 결과가 천차만별인 것은 흔히 볼 수 있다. 그 가운데 일을 하는 사람의 능력과 함께 그 일을 어떻게 하게 만드느냐 하는 리더와 경영자의 자질에 따라서도 다르다.

블랜차드는 범고래 샴이 가르쳐준 지혜를 다음과 같이 설명했다. 신뢰를 쌓아라. 긍정적인 면을 강조하라. 실수할 때에는 에너지를 전환시켜라. 진실한 마음으로 칭찬하라. 긍정적인 눈으로 보면 칭찬할 일이 생긴다. 일이 잘 풀리지 않을 때 더욱 격려하라. 잘못된 일이 생기면 관심을 다른 방향으로 유도하라. 가끔씩 자기 자신을 칭찬하라.

우리는 인정을 받으면 더 큰 힘이 나는 것을 경험적으로 알고 있다. 영혼이 가득한 인정은 가족 간에, 친구 간에, 조직 내에서 또는 비즈니스에서 엄청난 효과로 작용한다. 피그말리온 효과

안주와 불안에서 벗어나라 **비즈니스 디벨로퍼**

는 긍정적인 기대나 관심이 사람에게 좋은 영향을 미치는 긍정의 힘을 말한다. 사람들은 생각보다 엄청난 능력과 역량을 가지고 있다. 다만 어떤 이유와 상황에 따라 그 능력과 역량을 발휘하지 못하거나 안 할 뿐이다.

리더나 대표들이 할 일은 강력한 전략과 비전을 짜서 제시하고 세밀하게 목표를 관리하며 조직을 다그치는 것도 중요하지만, 드러난 목소리 뒤에 숨은 목소리를 듣고, 부족한 부분을 미리 살피고, 칭찬과 인정을 아끼지 않는다면 조직은 더욱 건강하게 긍정적인 방향으로 나아갈 수 있다.

Consistent 부자들의 사업개발

부자들에게 성공한 이유를 물으면 이렇게 답한다. "좋은 씨를 찾아서 심고 기다린 후 수확했다." 성공하는 사람들은 과거 어느 시점에서 무언가를 심는다. 그것이 꿈이거나 목표이거나 신뢰거나 투자거나, 나중에 나에게 성공을 가져다줄 무언가 좋은 것을 심는다. 좋은 씨도 찾기도 했지만, 그것을 땅에다 심는 실행을 한 것이다. 그리고 그것을 다음 날 파내지 않았다. 그것이 열매를 맺을 때까지 충분히 기다리면서 기간을 두고 기다린다.

누구도 하루아침에 성공에 이르지는 않는다. 주식에 투자하든, 부동산에 투자하든, 사업에 투자하든 여러 과정과 시간을 통해 목표한 성공에 이른다. 그리고 그것이 열매를 맺었을 때 잘 수확하는 사람들이 성공한 사람들이다. 만일 심은 것에 비해서 또는 내가 기다려야 하는 시간에 비해서 더욱 큰 것을 더욱 빠르게 되돌려 준다고 하는 것은 의심해봐야 할 일이다.

부자들은 어떤 규칙에 따라 목표한 것이 이루어졌다면 그 방식을 기준으로 만들어 꾸준하게 지속한다. 꾸준하다는 말은 한결같고 끈기가 있다는 말이다. 부화뇌동(附和雷同)하거나 우왕좌왕하지 않는다. 그리고 한번 정한 일을 꾸준히 지속한다. 어차피 시간을 가지고 꾸준히 할 것이기 때문에 처음에 무엇을 할지를 보다 신중하게 고민한 후 정한다. 사업개발은 남들이 좋다고 하는 것을 무조건 따라서 이것저것 해보는 것을 말하지 않는다. 이제까지 하지 않았거나 세상에 없던 새로운 사업을 처음 시도할 때, 그 결과에 도달하기 위해서는 시간이 걸린다. 그래서 무엇을 할지 더욱 신중하게 결정해야 하고 일단 정했다면 꾸준히 뚜벅뚜벅 걸어가며 시간을 주어야 한다.

한편, 어떤 일이든 목표에 도달하는 데 시간이 걸리는 것을 아는 사람들은 무엇을 할지 정할 때 확장성을 고려한다. 일들이 매번 다른 노력을 통해 이루어진다면 앞에서 노력한 수고가 쌓이지 않고 언제나 새롭게 같은 과정을 반복해야 하기 때문에 가능하다면 앞에서 만들어진 경험과 노하우를 활용해서 같은 모델을 확장할 수 있는 아이템을 찾는다. 부자와 사업에 성공한 사람들이 같은 사람이 아니지만 목표를 이루는 방식에는 일맥상통하는 면이 있다.

Conviction 이겨놓고 싸우는가

열심히 노력해서 성공하는 시대는 지났다고들 한다. 누구나 열심히 하려고 노력하거나 실제로 열심히 한다. 하지만 경쟁 사회에서 남들보다 한 발짝 앞서 나가기 위해서는 열심히 하고 잘하는 것을 넘어서서 속해 있는 경쟁에서 이겨야 한다.

한편, 경쟁에서 이기기 위해서는 남들보다 특출하게 멀찍이 앞서기보다는 한두 발짝만 앞서도 해당 경쟁에서 목표한 지점에 먼저 이를 수 있다. 즉, 남들이 다 60점을 받을 때 내가 100점을 받으면 특출하게 일등이다. 하지만 남들이 모두 59점을 받을 때 내가 60점만 받아도 일등이 될 수 있다. 한두 발짝만 앞서도 원하는 것을 차지하게 되는 것이다.

많은 사람들은 다행히도 글로벌 경쟁 사회에서 초격차를 이루어 2등이 언제 나를 따라잡을지 모르는 위기에 놓여 있지도 않고, 1위의 위치를 수년 이상 지켜내며 시장을 선도해야 하는 위치에 놓여 있지도 않다. 만약에 채용과정에서 10명을 뽑는 포지션에 100명이 지원했다면 11등보다 앞서 10대 1의 경쟁률을 뚫으면 되고, 또는 시장에서 1등이 공급하는 2등 시장에서 새로운 기회를 창출해도 된다.

어쨌든 지지 않는 게임을 해야 한다. 아무것도 없이 맨손으로 시작할 수밖에 없는 상황이라면 무작정 싸워서 이기는 것이 맞다. 하지만 지금은 많은 것들이 풍족한 상황이다. 그래서 성공하는 사람들이나 부자들은 싸워서 이기는 것이 아니라 이겨놓고 싸운다고 한다. 이기기 위해서는 확신이 필요하고, 확신을 하기 위해서는 분석과 섬세함이 필요하다. 분석과 섬세함을 가지기 위해서는 훈련과 경험이 필요하다. 전쟁에서 승리하는 장수들은 다양한 변수들을 예측하고 이에 대비해서 이기는 전쟁을 했다. 무턱대고 열심히 잘 싸우기만 하면, 이기는 전쟁을 하는 장수들을 이기기 힘들다.

사업개발은 경쟁자들과 비교했을 때 더 나은 가치를 고객에게 제공해야 한다. 내가 아무리 우수한 사업개발 아이디어를 준비했다고 해도 고객에게 보다 나은 가치를 제공하지 못하거나, 경쟁자들보다 우수하지 못하거나, 그 일을 수행하기 위한 동반자들과 함께하지 못한다면 아무것도 아닌 것이 되어버린다.

고객과 동반자와 나 스스로에게 확신을 주기 위해서는 충분한 공부와 분석과 준비가 필요하다. 이 확신을 갖는 경험과 목표를 이루는 경험을 몇 번 해보다 보면 비로소 어느 순간 '슥' 보고 승패를 가늠할 수 있는 원칙과 안목을 가지는 경지에 이르게 될 수 있을 것이다. 원칙이 있는 사람은 잃지 않는다.

<u>Chrome</u> 나보다 뛰어난 사람

1998년에 래리 페이지Larry Page와 세르게이 브린Sergey Brin에 의해 설립된 구글은 2015년에 '알파벳Alphabet'을 지주회사로 세우고 이를 중심으로 조직 구조조정을 했다. 페이지가 알파벳의 CEO로 옮겨가고 당시 구글 회장이었던 에릭 슈밋Eric Emerson Schmidt은 알파벳의 이사회 의장으로 이동했다. 그리고 제품부문 수석부사장이었던 선다 피차이Sundar Pichai가 구글의 새로운 CEO가 되었다. 그는 2004년에 구글에 입사해서 구글의 무료 웹 브라우저인 크롬Chrome의 개발을 주도했고, 2014년에 구글의 모든 제품을 총괄하는 부사장이 되었다.

그 당시 전 세계의 인터넷 웹브라우저 시장은 마이크로소프트의 익스플로러Explore가 95% 정도의 시장을 점유하고 있었고, 개발 초기에 그 시장에 뛰어들어 경쟁한다는 것 자체가 오히려 구글을 어렵게 만들 수 있다는 반대의견도 컸다. 하지만 결국 구글은 마이크로소프트와의 웹브라우저 경쟁에서 이겼다. 그는 가장 우수한 웹브라우저를 만드는 것을 핵심목표로 삼았고, 결과를 달성하는 핵심지표로 광고 클릭이나 참여가 아니라 '사용자 수'를 삼았다. 그리고 그 목표를 수치로 정해서 첫해는 200만 명의 사용자를 목표해서 10명이 모자라게 달성했고, 두 번째 해에는 500만 명을 목표해서 목표에 미달한 370만 명에 겨우 도달했으나 세 번째 해에 1억 명을 목표해서 그 목표 수치를 넘는 목표를 달성했다.

피차이는 구글 CEO에 오를 수 있었던 비결에 대해서 이렇게 말했다. "나보다 더 뛰어난 사람을 찾아서 그들과 함께 일해야 한다. 그래야 성장할 수 있다. 편한 사람과 일하면 안 된다. 익숙한 일과 사람 속에서는 배울 것이 없다. 사람은 인생 대부분을 직장에서 보낸다. 삶의 질을 높이고 싶다면 직장에서의 삶을 중요시 여겨야 한다. 동료와 협력하고 그들을 존중해야 관계가 원만해진다. 그러면서도 그들에게 끊임없이 동기를 부여해야 한다. 그러면 훌륭한 팀이 꾸려진다. 혼자서 성장하는 것은 한계가 있다. 동료와 함께 성장해야 한다. 개인의 성공보다 팀의 성공이

안주와 불안에서 벗어나라 **비즈니스 디벨로퍼**

진정한 발전의 원동력이다."

영원할 것 같던 1등도 언젠가는 그 자리를 내어준다. 그 자리를 차지하는 누군가는 핵심목표를 가지고 도전한다. 혼자가 어렵다면 팀을 이루고, 팀으로 어렵다면 회사나 더 큰 조직을 리더십으로 이끌어 언젠가는 그 목표를 달성하게 될 것이다.

4차 산업혁명 시대의 삶은 예전에 비해서 더 복잡해졌다. 하지만 외면적으로 더 단순하게 정리되어가는 과정으로 발전하고 있다. 크게 성공한 사람들의 비결을 들어보면 생각보다 뻔해서 놀라울 정도인 경우가 많다. 하지만 성공에 이른 사람들은 생각보다 많은 일을 뻔하게 했다. 생각보다 많은 생각을 했고, 생각보다 많은 사람들을 만났으며, 생각보다 많은 거절을 당했고, 생각보다 많은 실수와 실패를 거듭했으며, 여전히 위기와 리스크를 안고 성공의 자리에 도달한 것이다. 아무리 단순한 법칙과 규칙에도 그 안에는 엄청난 뻔함과 복잡함이 동시에 존재하고 있다.

중요한 것은 '자세'다. 어떤 생각의 방향을 가지고 매사에 임하느냐 하는 것이다. 사람들은 쉽게 성공에 이르기를 꿈꾸며 대박의 길에 줄을 서서 기다리지만, 그 줄에 서서 기다리는 것은 그 줄 옆에서 무언가를 하며 천천히 나아가는 사람들에 비해 이루고자 하는 것을 이루는 데 있어서 확률적으로 떨어진다. 어떤 길의 출발점에 서서 앞으로 다양한 일을 마주하게 될 것이라는 마음가짐을 굳게 가진 사람과 멍하니 희미한 길을 바라보는 사람과는 그 대처에서 다르다. 그리고 쉽게 이룬 것은 쉽게 무너진다. 자신이 만든 목표에 이르는 사람들은 무언가에 관심Concern을 가졌고, 조사Check를 했으며, 연결Connect을 해서 확신Confidence을 가지고 실행을 해서 목표에 도달했다.

Contrarian 제자리에 있고 싶으면 죽도록 뛰어라

이탈리아의 탐험가 크리스토퍼 콜럼버스Christopher Columbus는 1942년 10월 12일 새벽에 신대륙 아메리카를 발견했다. 콜럼버스의 위대함은 위대한 도전에도 있지만 강력한 모험정신과 발상의 전환, 즉 역발상에 있다. 유명한 콜럼버스의 달걀을 예로 들어보자. 일반적인 사람들은 표면이 동그란 달걀을 테이블 위에 어떻게 세우냐고 생각하지만, 콜럼버스는 달걀의 한쪽을 살짝 깨뜨려 평평하게 한 후 테이블에 세웠다. 결과를 보면 누구나 할 수 있는 단순한 일처럼 보이지만, 어떻게 할지 아이디어를 생각해내고 그 생각을 실행으로 옮기는 사람은 많지 않다. 발상을 조금만 바꾸면 달걀은 누구나 세울 수 있다. 누구도 달걀을 깨뜨려서는 안 된다고 말한 사람도 없었다. 그래서 '콜럼버스의 달걀'은 선구자나 개척자의 정신으로 대표하는 말로 표현되고 있다.

여기서 달걀을 조금 깨뜨리는 부분에도 시사해주는 바가 있다. 이는 새로운 것을 이루기 위해서 어느 정도의 손해나 양보 또는 자기 파괴가 있어야 한다는 것이다. 모든 것을 그대로 둔 상태에서 혁신한다는 것은 쉽지 않다.

그런 의미에서 21세기 대표적인 경제학자로 불리는 조지프 슘페터Joseph Alois Schumpeter의 '창조적 파괴Creative Destruction'는 혁신을 위한 당연한 과정으로 보인다. 그리고 그는 새로운 일을 만들어가는 사람들에게 필요한 정신을 '기업가 정신'이라고 했다. 기업가 정신은 무언가를 창조해내고 자신의 에너지와 재능을 발휘하는 데에서 즐거움을 느끼는 사람이다.

루이스 캐럴Lewis Carrol의 소설 《이상한 나라의 앨리스》의 속편 《거울 나라의 앨리스》에서 붉은 여왕이 주인공 앨리스에게 이렇게 말하는 내용이 나온다.

"제자리에 있고 싶으면 죽어라 뛰어야 한다." 그 이유는 붉은 여왕이 다스리는 붉은 여왕의 나라에서는 어떤 물체가 움직일 때 주변 세계도 그에 따라 함께 움직이기 때문에 주인공이 끊임없이 뛰어야만 겨우 제자리를 유지할 수 있기 때문이다. 이것을 진화학에서 '붉은 여왕 가설Red Queen's Hypothesis'이라고 불렀다. 그것은 주변 세상이나 경쟁자가 빠르게 변화하기 때문에 어떤 생물이 진화하게 되더라도 상대적으로 적자생존에 뒤처지게 되며, 이를 보상하기 위해 끊임없이 서로 재시도를 하는 과정에서 결국 자연계의 진화 경쟁에서는 어느 한쪽이 일방적인 승리를 거두지 못한다는 것을 의미한다.

이 원리는 진화론뿐만 아니라 경영에서도 적자생존 경쟁론을 설명할 때도 인용되었다. 변화를 시도하는 사람이 나아가거나 성장하고 변화를 시도하지 않는 사람이 가만히 있는 것이 아니라, 변화를 시도하는 사람이 리스크를 벗어나 안정되고 변화를 시도하지 않는 사람이 뒤처지며 리스크에 노출된다는 것이 역발상적인 실제다.

Constraint 규제 시장에서 새로운 기회를 창출하라

화석연료를 태워서 에너지를 얻는 과정에서 발생하는 황산화물SOx과 질소산화물NOx 등은 미세먼지의 원인이 되고, 환경규제를 통해 일정 수치 이상 대기 중으로 배출되어 공기를 오염시키지 않도록 통제하고 있다.

미세먼지는 해외로부터 유입되기도 하고 화석연료나 폐기물 소각과정에서 발생한다. 그리고 선박에서 발생하는 부분이 적지 않아서 실제 연안 지역의 거주민 건강에 영향을 미치는 것을 줄이기 위해서 강력하게 배출통제해역 ECA, Emission Control Area이 확대되고 있기도 하다.

이러한 문제를 해결하기 위해서 SCR Selective Catalytic Reduction, 탈황장치, 전기집진기 등이 발전이나 소각시설에 쓰이고 있고, 특히 SCR에 들어가는 고가의 금속촉매를 주 사업으로 해서 수천억 원 이상의 매출을 발생시키는 글로벌 기업이 있기도 하다. 그리고 선박들에 대해서는 저유황유를 사용한다거나, 별도의 스크러버를 장착한다거나, LNG 추진 선박을 도입한다거나 하는 방법으로 해결책을 찾고 있다.

그리고 최근 친환경과 이산화탄소 배출 저감에 대한 관심은 대한민국뿐만 아니라 전 세계적인 관심과 노력으로 그에 대한 관리가 국가적 차원으로 주도되고 있는데, 대한민국도 2050년까지 탄소중립을 선언했다. EU는 신차 CO_2 배출량 2021년과 비교해 2030년까지 37.5%를 감축하기로 결정했다. 이러한 목표를 달성하기 위해서 여러 국가들은 이산화탄소를 배출하며 화석연료를 엔진을 가동시켜 작동되는 내연기관차 판매 금지 정책 시기를 발표했다. 예를 들면 네덜란드와 노르웨이가 2025년, 영국, 프랑스, 독일, 덴마크, 인도가 2030년, 중국이 2040년, 스웨덴과 스리랑카가 2045년, 그리고 일본이 2050년 등이다.

한편 앞으로 다가올 수소 시대를 준비하기 위해서 여러 기업들이 수소를 생산하고 저장하며 운송하고 활용하는 수소 전주기에 대한 비즈니스를 준비하고 있는데, 이때 함께 반드시 살펴봐야 하는 부분이 관련 규제와 안전 부분이다. 특히 안전에 대해서는 부품, 설비, 시공 전반에 인증을 받은 규격품이 사용되어야 한다.

이러한 규제와 통제는 대부분의 산업에 걸쳐 있고, 역설적으로 이러한 규제를 통해 새로운 신산업과 신사업이 성장하고 발전한다고 볼 수 있다. 화석연료로 에너지발전과 연관된 사업자들이 환경규제가 강화되어 위기를 맞는다고 생각할 때, 한편에서는 대기오염을 저감할 수 있는 장치와 솔루션으로 비즈니스를 성장시키고, 내연기관차 판매가 금지될 것에 대비해서 내연기관을 사용하지 않는 전기차나 수소차에 대한 산업이 앞으로 크게 성장할 것이 기대되어 그와 관련된 비즈니스를 많은 기업들이 준비하고 있다. 세계 최대 에너지 기업은 BP^{British Petroleum}은 '석유 시대의 종말'을 선언하고 탈(脫)탄소를 향한 혁신을 시작하기도 했다.

혁신적인 아이디어를 가지고 새로운 사업을 하려다가 규제에 막혀 비즈니스를 성장시키기 어려워 위기를 맞는 스타트업이나 기업들이 있다. 이런 신사업을 위해 규제샌드박스^{Regulatory Sandbox}를 통해 가능한 기회를 제공하는 제도가 있다. 규제샌드박스란 아이들이 자유롭게 뛰어노는 모래놀이터처럼 신기술,

신산업 분야에서 새로운 제품, 서비스를 내놓을 때 일정 기간 동안 또는 일정 지역 내에서 기존의 규제를 면제 또는 유예시켜 주는 제도다. 규제혁신을 위해 규제신속확인, 임시허가, 실증특례 등이 지원된다.

'위기가 기회'라는 말과 같이 이런 규제를 벗어나 새로운 사업의 기회를 보는 것은 오히려 기존의 비즈니스에 대한 자기파괴를 통해서 더 큰 성장의 기회를 맞이하게 해주기도 한다. 신사업이나 신시장 개척에 대한 문제점이나 리스크를 규제하는 과정에는 풍선효과가 생기는 것이 어쩌면 당연하다. 그것은 단순히 기술이나 안전성의 문제뿐만 아니라 기존 사업자들과의 역학관계에 대해서도 거시적인 관점에서 자연스럽게 발생할 수 있는 현상이기 때문이다. 새로운 기회를 창출하는 기회창출자인 비즈니스 디벨로퍼의 눈에는 이러한 규제 시장을 파고들어 사업개발을 하는 길이 보이게 된다.

Construction 전략적 구조를 짜라

구조Structure란 근본적인 어떤 것으로 둘러싸인 존재의 관계 및 개념 인식, 관찰, 자연, 양식의 안정성 등을 나타내며 물체가 짜여진 형태를 의미한다. 점에서 점으로 연결되어 선이 만들어지고, 선이 다시 쌓여 공간이 만들어지는 것들도 구조다. 비즈니스 디벨로퍼는 구조를 짜서 만들어낸다. 구조는 단순한 형태로 끝나지 않는다. 그 안에 숨어 있는 다양한 특성들이 외형적으로 보이는 구조의 틀 안에 포함되어 있다.

공부할 때도 단순한 암기보다는 전체적인 틀을 이해하는 것이 훨씬 효율적이듯이, 비즈니스에서도 큰 틀을 이해하는 것이 중요하며, 그 구조를 이해하지 못한 상태에서 무리하게 힘으로 밀어붙이는 것은 힘만 들 뿐 원하는 결과를 얻지 못하게 되는 경우가 많다. 세상은 오랜 세월을 거쳐 지금의 모습을 갖추었다. 산업도 생긴 지 얼마 안 된 상태에서 급격한 성장을 이루는 경우도 많지만, 여러 산업들은 수년, 수십 년 또는 수백 년의 구조를 이루고 있다. 그 틀을 깨고 신사업을 이루기 위해서는 단순히 그 기존 산업을 무너뜨리고 새로운 산업이 그 자리를 차지할 수도 있지만, 기존의 산업과 상생하며 새로운 산업을 자연스럽게 성장시켜 가는 전략이 필요하다.

4차 산업혁명 시대의 산업은 혁신적이며 혁명적이다. 그러다 보니 공유경제, 인공지능, 빅데이터, IoT와 같은 산업들은 분명한 미래 산업으로 부각되며 때로는 환호를 받기도 하지만, 그러한 기술과 시스템을 통해 평생 일하던 일자리를 잃거나 평생 일구어온 사업을 하루아침에 사라지게 만드는 상황을 발생시키기도 한다.

구조조정이란 말은 효율을 높이기 위해 구조를 변화시키는 것이다. 기업의 경우, 단순한 인원 감축이나 사업 부문의 축소 등 소극적인 방식의 수익확대 방안을 전략화하는 것이 아니라, 이제까지 캐시카우Cash Cow 역할을 해왔던 주력 사업을 과감하게 구조조정한다거나, 파괴적 혁신을 통해 기존 사업에서의 자체적인 수익 축소가 예상되더라도 과감하게 신사업에 대한 투자를 통한 빠른 진입이 오히려 큰 틀에서 사업을 성장시키는 전략적 방향이 된다.

비즈니스의 구조전략은 내가 속한 기업 조직의 구조뿐만 아니라 고객과 사업 간의 구조 또는 산업이 형성되어 있거나 그 산업이 향후 변화하고 발전하게 될 구조까지 분석하는 것을 기반으로 한 전략이 필요하다. 이러한 전략은 상생, 경쟁 우위, 파괴적 혁신을 모두 포함한다. 사업개발은 단순히 기존에 하지 않던 사업을 신규로 론칭해서 매출을 발생시키는 것을 의미하지 않는다. 비즈니스 체계에 대한 이해를 통한 적용 방법과 전략이 세워져야 하고, 이것이 실행으로 이어질 때 중장기적으로 먹거리를 제공할 수 있는 사업의 구축이 가능하다.

Coding Soldier 코딩하는 사업개발자

2018년에 '코딩하는 공익'이라는 인물이 뉴스에 소개된 적이 있다. 이 사람은 사회복무요원으로 복무하면서 6개월이 걸릴 업무를 하루만에 처리할 수 있도록 한 것으로 알려진 반병현이다. 그는 복무 초반에 엑셀 파일을 합치는 업무를 자주 맡아서 했다고 한다. 예전에 군대에서 미술전공자의 특기를 살려서 족구장 라인을 긋도록 한 것을 연상시키는 장면이다. 같은 업무가 반복되자 그는 인공지능 전공자답게 자동화 프로그램을 만들었고, 이를 통해 4,000개에 가까운 등기우편의 등기번호 13자리를 우체국 홈페이지에 입력하는 업무를 자동화 소프트웨어로 하루만에 마칠 수 있도록 만든 것이다. 이후 청와대를 비롯한 여러 공공기관에 초대받아 코딩이나 인공지능 같은 기술을 통해 합리적인 방식으로 세상을 바꾸는 방식에 대해서 강연도 많이 했다고 한다. 그는 고등학교를 조기 졸업하고 카이스트에 진학해서 바이오 및 뇌공학 석사과정을 마치고 이후 인공지능과 사물인터넷 기술을 이용해 농업효율을 올리는 스마트팜 스타트업인 '상상텃밭'을 창업하기도 했다.

반병현은 늘 그랬듯이 문제를 만났고, 늘 그랬듯이 그것을 코딩으로 해결했다. 코딩Coding은 '컴퓨터가 이해할 수 있는 언어인 코드를 입력해 기계들이 작동할 수 있게 하는 과정'을 말한다. 앞으로 세상을 크게 바꿔갈 인공지능은 이 코딩으로부터 시작된다. 기계가 사람의 말을 알아듣고, 자동차가 스스로 운전해서 목적지까지 도달하며, TV가 내가 원하는 프로그램을 추천하고, 공장이 스스로 재고 조사를 해서 품질관리를 하며 제품을 만들어내는 일련의 과정들은 모두 이 코딩작업을 통해 만들어진다. 좀 더 전문적으로는 그런 과정들을 '알고리즘'이라고 하는 방식 또는 과정을 통해 선정된 프로그래밍 언어의 명령을 변환해서 작성하는 것이 코딩이다.

코딩의 교육과정에는 '프로그래밍 언어', '프로그래밍 원리 또는 논리의 이해', '논리/사고력 증진', '문제해결 능력', 'IT 핵심 산업 공부' 등이 포함된다. 즉 산업을 이해하고, 그 속에서 소통되는 언어를 습득해서 능력을 강화한 후 문제해결을 해나가는 것이다. 이는 사업개발의 방식과 절차와도 유사하다. 그래서 최근 초등학생들이 공부할 수 있는 코딩학원이 많아지고 있고, 코딩을 앞으로 인공지능 시대를 살아가게 되는 데 필요한 기능을 배양하는 기술로 관심을 받고 있다.

골드만삭스는 '켄쇼'라는 인공지능 스타트업과 함께 '워런 Warren'이라는 인공지능시스템을 만들었고, 이 워런은 전문 애널리스트 15명이 4주에 할 수 있는 데이터 수집, 분석, 미래 시장 예측 등을 5분 만에 처리할 수 있다고 한다. 인공지능은 그 자체로써 산업을 이루고 성장하기도 하지만, 기존의 모든 산업에 연관해서 융합 발전하게 될 것이다. 인공지능 기술은 사람이 만들지만 앞으로 스스로 공부해서 지식과 실력을 높여가는 인공지능 산업으로 성장하고 있다.

인공지능 비즈니스를 유형별로 분류하면 아래 5가지 영역으로 분류된다.

· 데이터
· 인공지능 기반 기술
· 알고리즘
· 서비스
· 플랫폼

그리고 데이터 수집, 분석, 활용을 기반으로 한 인공지능의 산업별 어플리케이션은 현재 분석되고 있는 분야보다 훨씬 다양해질 것으로 전망되고 있다.

· **제조** : 예측, 물류, 자동화, 최적화
· **교통** : 자율주행, 제어, 모니터링, 배차, 신호관리
· **의료** : 진단, 처방, 신약개발, 분석
· **금융** : 포트폴리오, 투자전략, 위험관리

· **보험** : 고객서비스, 위험측정, 보상
· **법률** : 법률검토, 판례조사, 분석, 소송전략
· **소매** : 고객 분석, 고객 분류, 고객 최적화, 채널 최적화

Conversion Rate 구멍을 팔아라

웹사이트의 방문자가 제품 구매, 회원 등록, 사이트 가입, 앱 다운로드 등 웹사이트가 의도한 프로세스를 행동으로 취하는 비율을 전환율Conversion Rate이라고 한다. 내가 원하는 정보를 얻거나 물건을 사려고 할 때 인터넷에 접속해서 웹사이트를 방문하고 특징이나 가격 등을 비교한다. 이때 내가 원하는 정보나 물건을 파는 세상의 수많은 사이트들 중에서 내가 구매 결정을 하고 카드로 지불까지 할 수 있도록 한 그 사이트의 특별한 차이점은 무엇일까?

사토 요시노리(佐藤義典)는 그의 책《드릴을 팔려면 구멍을 팔아라》에서 상품을 팔려고 하지 말고 가치를 팔아라는 마케터의 핵심적 논리이자 전략을 잘 표현했다. 파는 사람들은 논리를 팔지만 사는 사람들은 감성으로 사는 경우가 많다. 이는 커피나 빵

또는 작은 문구류를 살 때도 그렇지만 명품가방이나 외제차 또는 강남의 건물을 살 때도 그렇다. 특히 물건을 제조하는 제조사들은 오랜 개발 기간을 거쳐 최적화된 원재료를 값싸게 구매해서 제품을 만들고 양산에 들어가기까지 다양한 고민과 수고를 했기 때문에 판매나 마케팅을 할 때 각종 재료나 기능에 대해 과하게 설명하다 보면 오히려 고객들이 원하는 장점이나 가치에 대해서 어필하는 데 비중을 덜 할애하는 경우가 생긴다. 사려는 고객들은 원하는 예쁜 구멍을 만들기를 원하는데 팔려는 판매자들은 드릴의 부품과 기능에 대해 가능한 한 자세히 설명하려고 한다. 물론 기능이나 사양 등 다른 제품에 비해 우수한 장점에 대해서도 표현이 필요하지만, 이는 고객이 사고자 하는 가치를 느꼈을 때 그 이후에 충분히 설명할 수 있고, 그때 알려주어도 충분한 경우가 많다.

CRA 고객관계분석과 임상실험

일반경영에서 CRA는 고객관계분석 Customer Relationship Analysis 의 의미로 많이 쓰인다. 그리고 CRA의 다른 의미 중 하나는 의료산업에서 '임상시험의 진행과 수행을 관리하는 자'라는 뜻으로 'Clinical Research Associate'가 있다. 임상(臨床)은 말 그 대로 환자를 진단하거나 치료하기 위해서 병상에 마주한다는 의미다. CRA는 임상시험의 시작부터 마지막까지 전 주기에 해당하는 일을 꼼꼼히 파악하고 처리하는 역할을 담당해야 한다. 그리고 사내의 여러 부서와 대외 기관들과의 의사소통과 조정 업무에 능해야 하며, 기획자와 관리자의 업무까지 감당해내야 한다.

비즈니스는 문제를 해결해나가는 것이다. 이는 CRA가 환자를 돌보며 환자의 아픈 곳에 대해서 듣고 그것을 치료해 나가는 절차와 유사하다. 그래서 CRA도 비즈니스 디벨로퍼도 꼼꼼하고 시야가 넓어야 하고, 자신감과 유연성을 가지고 환경에 빠르게 적응하며, 목표한 것을 성취하는 자질을 요구받는다. 의료분야에서 비즈니스 디벨로퍼를 채용하는 경우 중에는 CRA의 기능을 대응할 수 있는 인력을 구하는 경우도 많다.

CRA의 업무영역은 다음과 같다.

· 시험준비단계
  - 임상시험계획서/증례기록서 작성 및 검토
  - 피험자 동의서 작성 및 검토
  - 시험자 자료집 개발 또는 배포

- 임상시험수탁기관CRO 선정
- Central Lab 선정
- IND 신청 서류 준비
- GCP나 관련 규정에서 요구하는 서류 준비
- 시험약물 준비
- 시험자 선정
- 시험자 회의 주선
- 연구계약서 검토
- 시험기관과의 예산 및 지급조건 검토

· 시험실시 단계
- 시험개시 방문 실시
- 모니터링 방문 실시
- 임상시험수탁기관CRO 업무 관리
- 시험데이터 유지 및 관리
- 데이터 수정 및 검토
- 이상반응 모니터링 및 보고
- 기본 문서 검토

· 시험종료 단계
- 종료방문 실시
- 시험종료 후 처리

· 시험종료 후 단계

  - 시험보고서 작성 및 검토

  - 시험파일 보관

  - NDA 신청 서류 작성 및 지원

Craving 세상을 섬기는 일

CNN이 인터넷 페이지를 통해 발표하는 공포탐욕지수Fear & Greed Index는 주식 시장에서의 투자 심리를 보여주는 지표다. 이를 통해 투자자들이 현재의 시장을 얼마나 탐욕적이거나 공포스럽게 느끼는지를 분석해서 표시하고 있다. 그 수치가 100에 가까워질수록 극단적인 탐욕상태를 나타내고, 0에 가까워질수록 극단적인 공포상태를 나타낸다.

이 지표는 주가모멘텀Stock price momentum, 주가의 강도Stock price strength, 주가의 폭Stock price breadth, 풋옵션 및 콜옵션Put and Call options, 투기등급 채권에 대한 수요Junk Bond Demand, 시장 변동성Market Volatility, 안전자산에 대한 수요Safe Haven Demand의 7가지 지수들을 동일한 가중치로 종합해서 만들어진다.

예를 들면 코로나가 생기기 전, 탐욕상태에 있다가 코로나가

심해지기 시작했을 때 극단적인 공포상태로 들어갔다가, 이후 위드코로나^{With Corona}에 접어들면서 다시 조금씩 탐욕스러운 상태로 변하는 상황이 지표로 표현되는 것이다.

가치 투자자들은 오래전부터 대중들이 공포를 느껴 주식을 팔고 시장에서 빠져나갈 때 매입하고, 시장이 좋아져서 탐욕에 빠져 주가가 급등하는 시장에서 대중들이 추격매수를 할 때 매도하는 방식으로 자산을 늘려간 것으로 설명하기도 한다.

워런 버핏은 "다른 사람들이 탐욕스러울 때 두려워하고, 다른 사람들이 두려워할 때 탐욕스러워져라^{Be fearful when others are greedy and greedy when others are fearful}"라고 말하기도 했다.

비즈니스는 사람(고객)과 세상을 이롭게 하는 방향으로 발전해왔다. 보다 안전하고, 보다 편하고, 보다 즐겁고, 보다 욕구를 만족시켜줄 수 있는 제품과 서비스 그리고 비즈니스 모델들이 커져 나가면서 산업으로 확대되었다. 즉, 공포를 더 많이 줄여주거나 욕구를 더 크게 만족시켜주는 그런 비즈니스들이 더 값싸고 간편하게 제공될 때 그 사업이 성공에 이르렀다. 기업을 경영하거나 사업개발을 하는 것은 스스로 욕심을 채우거나 스스로 정한 목표에 다다르기 위해 수단과 방법을 가리지 않고 나아가는 것이 아니라, 사람(고객)이나 세상이 원하는 가치가 무엇이고, 그 가치를 어떻게 제공할 수 있을까 하는 생각이 그 시작이다.

다다르라

만일 네가 보행자와 함께 달려도 피곤하면
어찌 능히 말과 함께 경주하겠느냐.

- 예레미아 12장 5절 -

Capital 생산의 3요소

　전통 경제학에서 말한 생산의 3요소는 토지Land, 노동력Labor 그리고 자본Capital이다. 농업을 통한 생산을 한다면 땅과 그 땅에서 일할 수 있는 사람, 그리고 그 땅에 심을 씨앗이나 가축을 사거나 노동자에게 임금을 줄 수 있는 자본이 있으면 생산 활동을 할 수 있다. 일반 제조업의 경우에도 땅 위에 공장을 짓고 공장에서 일할 수 있는 사람과 물건을 만들 수 있는 재료를 사서 물건을 만들어 팔면서 제조 생산 활동을 하게 된다.

　2018년에 노벨경제학상을 수상한 신성장론자 폴 로머Paul Romer는 생산의 3요소를 '재료Things', '사람Men', '아이디어Ideas' 라고 했다. 지금은 땅이나 공장이 없어도 생산 활동을 할 수 있고, 많은 노동력과 많은 자본이 생산 활동을 더 많이 할 수 있는 시대가 아니다.

　이는 3가지 경제활동, 첫째 생산, 둘째 소비, 셋째 분배, 그리고 3가지 기본 경제문제인 무엇을 얼마나 만들 것인가, 어떻게 만들 것인가, 누구를 위해 만들 것인가, 그리고 누구에게 분배할 것인가에 대해 생각해보면 좀 더 쉽게 이해할 수 있다.

　유명한 경영컨설턴트이자 교수인 피터 드러커Peter Ferdinand

Drucker는 경제에 대한 시대 구분을 자본의 시대, 노동의 시대, 지식의 시대로 나누기도 했다.

자본을 소유한 사람을 자본가라고 한다. 자본주의에서 자본가는 노동과 지식에 투자해서 그 투자를 통해 수익을 거두거나 거두어진 수익을 다시 재투자할 수 있다. 그리고 그 분배방식에 있어서 점차 다양해지는 상품과 거기서 다시 파생되어 나오는 파생상품에의 투자를 통해 이익을 얻거나 손실을 볼 수도 있다.

자본주의에서 기술과 시대의 발전에 따라 다양한 생산요소가 새롭게 생기고 있다. 이전의 노동력과 토지와 같은 생산요소는 점차 창의력, 속도, 플랫폼, 가상세계 등으로 확대되고 있다. 초연결, 초융합, 초지능의 4차 산업혁명 시대에 분배의 방식이 다양해지듯이 생산요소 또한 다양해지고 있으며 새로운 생산요소를 활용하는 것과 이제까지 없던 새로운 생산요소를 만들어내는 속도가 그 이전의 어떤 시대보다 빨라지고 있다.

Clue 실마리를
풀어라

감겨 있거나 헝클어진 실의 첫머리를 실마리라고 한다. 실마리는 일이나 사건을 풀어 나갈 수 있는 해결의 첫머리를 말한다. 스타트업, 중소기업, 중견기업, 대기업을 불문하고 기업은 정체되면 뒤쳐진다. 끊임없는 전략의 실행을 통해 성장하는 것이 얽혀 있는 기업 내 문제점을 극복하고 나아갈 수 있게 하는 것이다. 기본적으로 성장전략에는 집약성장, 통합성장, 다각성장 등이 있다.

집약성장은 현재의 사업영역 내에서 활용할 수 있는 성장의 기회를 찾아서 성장하는 방법으로, 현재에 하고 있는 시장 및 현재 판매하고 있는 제품 등을 활용하는 것이다. 집약성장에는 기본 제품으로 기존의 시장에서 고객을 늘리거나 하는 방식으로 매출을 증대하는 '시장 침투'전략과 기본 제품으로 새로운 시장을 개척해서 판매를 늘리는 '시장 개발'전략, 그리고 새로운 제품을 개발해서 기본 시장에서 기존의 고객망을 통해서 신제품으로 고객의 요구를 극대화해서 판매와 매출을 늘리는 '제품개발'전략이 있다.

통합성장에는 크게 수직적통합과 수평적통합이 있는데, 수직적통합에는 전방통합과 후방통합이 있다. 전방통합은 제품을 생산하거나 유통하는 과정에서 고객 분야의 기업을 통합하는 것으로, 예를 들면 원재료 공급기업이나 생산업체를 통합하거나 제조사가 유통사를 통합하는 것을 말한다. 그리고 후방통합은 유통기업이 제조사를 통합하거나 제조사가 원재료 공급사를 통합하는 등의 방식을 말한다. 그리고 수평적통합은 동일한 단계에서 경쟁하고 있는 경쟁업체를 통합해서 시장 지배력을 강화하는 방식을 말한다.

그리고 다각성장에는 기존의 사업과 관련해서 신제품과 신시장을 결합해서 시너지를 창출할 수 있는 방향으로 성장시키거나 기존 고객 측에 신제품과 신시장을 결합한 소구포인트를 찾아서 성장을 하는 '관련 다각화'전략과 기존 사업과 전혀 관련이 없이 완전히 새로운 제품으로 새로운 시장에 진출하는 보다 공격적인 '비관련 다각화'전략이 있다. 이때, 가지고 있는 자원은 유한한데 성장을 하기 위해서는 그 유한한 자원을 어떻게 배분할지가 중요하다. 즉, 새로운 투자 또는 자원의 적절한 배분이 성장전략에 있어서 중요한 실마리며 시작이다.

Coupling 디커플링과 섹터커플링

커플링Coupling현상이란 한 국가의 경기 흐름이 인근 국가, 혹은 세계 경제와 비슷한 방향으로 움직이는 것을 말한다. 즉, 한

국경제와 연관 관계가 깊은 미국의 주가가 오르면 한국의 주가도 오르고, 미국의 주가가 내리면 한국의 주가도 따라 내린다면 경제적으로 동조화되어 있는 것으로 보는 것이다.

그와 반대되는 개념이 디커플링Decoupling이다. 이는 경제를 주도하는 국가 또는 세계 경제의 흐름과는 달리 독자적인 경제 흐름을 보이는 것이다. 좀 더 광의적으로는 경제와 관련한 주가, 금리, 환율, 수출, 소비 등이 함께 맞물려 동조적으로 움직이던 것이 각각 개별적으로 흐름을 갖는 것을 의미하기도 한다.

이러한 디커플링의 원인은 여러 가지가 있겠지만, 그중 중요한 이유는 산업의 파괴적 혁신이다. 예전에는 당연한 것처럼 보이던 연관성이 깨지고, 그러면서 새로운 표준이 계속해서 빠르게 바뀌고 있기 때문이다. 영원한 것이 없을 뿐만 아니라 형태는 물론이고 방식이나 개념까지 전체를 뒤흔드는 변화가 오히려 자연스러워진 것이다.

인터넷 IT, 4차 산업혁명, 공유경제 시대를 맞이하면서 그 속도는 가속화되었다. 예를 들어, 보고 만지며 구매하던 시장이 온라인으로 구매하는 시장으로 바뀌고, 소유의 의미가 중요했던 자동차나 집은 운전이나 거주의 의미가 커지면서 꼭 소유하지 않아도 되는 개념으로 바뀌어가는 등의 현상이 그렇다.

1899년 미국 특허청장이었던 찰스 듀엘Charles H. Duell이 "발명

될 만한 것은 모두 발명되었다Everything that can be invented had been invented"라고 한 적이 있지만, 그 이후에도 블록체인, 신소재, 인공지능, 유전학 등에서 새로운 기술들이 계속 발명되며 응용되고 있다.

사업개발자들은 끊어지는 고객의 가치사슬 가운데 새로운 가치를 창출하거나 새롭게 연결하기도 하면서 고객에게 새로운 가치를 제공한다. 디커플링은 디지털 기술과 비즈니스의 혁신적 파괴에 따라 고객의 요구와 시장의 현상이 분리되면서 보다 빠르게 반응하는 것으로 볼 수 있다. 이렇게 빠르게 바뀌는 변화에 대응하는 것이 사업개발자들의 역할이다.

독일 공학한림원의 워킹그룹인 '미래에너지시스템그룹ESYS'는 '재생에너지로 생산된 전력은 미래 에너지 시스템의 주요 에너지원이 될 것이며, 2050년까지 전력수요는 2배로 증가할 것이다. 그러기 위해서 풍력 및 태양광 발전 용량은 5~7배 증가해야 하며, 전기를 효율적으로 사용하는 기술인 전기차, 열펌프 등이 중요해지며, 또한 건물 냉난방, 교통, 산업, 전력생산 등의 에너지 소비 섹터들이 연결될 것이라는 '섹터커플링Sector Coupling을 제시한 적이 있다.

섹터커플링은 인프라와 저장 가능한 에너지인 전력, 열, 수소 등을 통해 발전하고, 난방 및 수송 부문을 연결하는 시스템을 의미한다. 이것은 특히 에너지전환 과정에서 재생에너지의 증가에 따라 개별적으로 움직이던 산업의 각 부문에서 전체를 연결하는 계통의 구조적 또는 체계적 대응이 더 강조되는 개념이기도 하다.

세계적인 에너지대전환의 시대를 맞이하면서 섹터커플링은 단순한 에너지체제를 연결하는 의미가 아니라 산업적, 사회적, 경제적 변화와 연계를 내포하는 광의적 의미다. 즉, 단순히 전력이나 가스를 따로 공급하거나 화력, 수력, 원자력발전소가 개별로 존재하고, 휘발유충전소와 LPG충전소가 각각 필요하며, 도시가스망에서 각 가정이나 건물에 가스를 안정적으로 공급하는 그 자체의 의미가 아니라, 이 모든 것이 맞물려져 움직이게 된다는 것을 의미한다. 이는 불의 문명이 시작되고, 전기가 발명되었을 때 세상에 큰 변화가 일어나면서 새로운 기회가 창출되었던 것과 같은 개념이며, 오히려 그때보다 훨씬 발전해 있는 산업 인프라와 연계되어 더 큰 혁신을 가져다줄 수 있게 된 대전환의 시대를 의미한다. 기후변화, 친환경, 탈탄소와 연계되어 모든 국가들이 다시 연결된 글로벌에너지 커플링 시대를 맞이하고 있으며, 이에 대한 대응 노력들이 요구되고 있다.

Conglomerate 다각화
하라

다각화전략은 1959년 알프레드 챈들러^{Alfred D. Chandler}의 미국 기업의 다각화전략에 대한 체계적인 고찰에서 시작되었다. 일반적으로 다각화^{Diversification}란 한 기업이 다른 여러 산업에 진출하며 여러 사업에 참여하는 것을 말한다.

초기 단계에서 기업들은 단일 품목으로 한정된 시장에 집중하는 비즈니스 모델로 사업을 시작하게 된다. 다음 단계에서 통신과 운송수단의 발전에 따라서 기존의 시장에서 다른 시장과 전국적인 시장 또는 글로벌 시장으로 판매망을 확대해나간다. 그리고 더욱 발전적인 단계에서 기업들은 마케팅과 유통부문 등에 대한 통합을 통해 기업 내 자원의 활용을 극대화해서 다양한 품목으로 다양한 시장에 진출하게 된다.

비즈니스를 성장시키는 목적과 방향은 원가 절감, 수익성 강화, 시장 점유율 확대, 리스크 절감, 경쟁력 강화, 브랜드 강화 등 다양하다. 기업이 새로운 성장동력을 꾸준히 찾지 못하면 경쟁업체와의 경쟁에서 뒤쳐질 뿐만 아니라 전체 산업에서 포지션을 찾지 못하고 점차 사라지게 된다. 세상과 기술이 빠르게 바뀌고 발전하면서 산업의 구조가 변화하고 이제까지 없던 융합적 혁신이 이제까지 오랫동안 해왔던 전통적인 방식이나 비즈

안주와 불안에서 벗어나라 **비즈니스 디벨로퍼**

니스에 영향을 미친다. 핵심역량을 강화하면서 융합산업 환경에서 살아남을 수 있도록 사업을 다각화해야 한다.

- · 제품 다각화
- · 고객 다각화
- · 서비스 다각화
- · 유통채널 다각화
- · 사업모델 다각화
- · 지역 다각화
- · 파트너 다각화
- · 원재료 다각화
- · 용역 다각화
- · 생태계 다각화
- · 아웃소싱 다각화
- · 프로세스 다각화

Climate 바뀌는 것에
투자하라

파리협약Paris Agreement은 2015년 유엔 기후변화회의에서 채

택된 조약으로, 그 내용은 지구 평균온도 상승 폭을 산업화 이전 대비 2℃ 이하로 유지하고, 더 나아가 온도 상승 폭을 1.5℃ 이하로 제한하기 위해 함께 노력하자고 하는 국제적인 협약이다.

기상에 따라 판매나 실적이 달라지는 의류패션업이나 교통물류업, 유통업 등 외에도 기후는 전자, 반도체, IT, 조선업, 중공업, 발전 및 에너지 산업 분야 외에 주거, 전력, 수송, 산업의 전 분야에 영향을 미치는데, 지금은 기상이 아니라 기후가 바뀌고 있는 상황에서 다양한 기후와 관련된 신기후산업이 생겨날 것으로 전망되고 있다.

과학기술 측면에서는 미래 기후에너지산업을 위해서 다음과 같은 분야에 지원하고 있다.

· 미래수소원천 기술개발
· 수소에너지혁신 기술개발
· 에너지클라우드 기술개발
· 기후변화대응 기술개발
· 기후기술협력기반조성
· 탄소자원화기술고도화
· 유용물질 생산을 위한 Carbon to X 기술개발
· 기후변화영향 최소화 기술개발
· 동북아-지역연계 초미세먼지 대응 기술개발

그리고, 다음과 같은 에너지신산업이 추진되고 있다. 탄소중립과 수소경제와 같은 새로운 패러다임을 통해서 새로운 기회를 찾을 수 있다.

- 친환경에너지타운, 제로에너지빌딩
- 자가발전 및 가정용 에너지저장장치
- 전력프로슈머, 분산전력거래시장 활성화
- 탄소포집을 통한 온실가스 배출 감축
- 전기차 및 수소전기차 확대보급
- 전기차 및 수소전기차 급속 충전 인프라 확대
- 공동주택단위의 에너지관리 스마트화
- IT, 전자와 에너지사업의 융합 등

Chart 도움닫기 하라

높이뛰기, 멀리뛰기, 도마경기 등을 할 때 도약력을 증대시키기 위해서 정해진 거리를 빠르게 뛰는 것을 도움닫기run-up라 한다. 100m 달리기를 하는 선수가 정주행을 하기 전에 출발점에서 일정 거리를 도움닫기 하며 뛰거나, 수영장의 출발점에서 물속으로 몸을 던진 후 어느 지점까지는 물속에서 몸을 파닥거리며 물위로 올라가는 장면에서 그런 모습을 볼 수 있다.

무언가에 도전해서 정상적인 단계에 이르기 전에는 이런 도움닫기가 필요하다. 어떤 사람은 그러한 단계를 짧게 통과하고, 어떤 사람은 그 단계를 천천히 오랫동안 통과하는 사람의 차이가 있을 뿐 누구나 그 단계를 지난다. 그리고 본경기에 뛰기 전에 경기에 뛸 수 있도록 하는 훈련을 통해 경기에 필요한 근육과 기술을 익히는 기간을 갖는다.

주식 투자를 하는 유형을 크게 2가지로 나누기도 한다. 기업의 재무제표를 통해 적정 가치를 매기고 저평가된 종목을 찾아 비교적 장기간 투자하는 가치 투자와, 기업의 펀더멘털을 분석하기는 하되 거래되는 차트chart와 거래량 등을 보면서 투자하는 차트 투자가 그 2가지다.

펀더멘털분석fundamental analysis을 통해 하는 '가치 투자'는 투자의 정석이며 기업의 자산, 이익, 배당금, 부채 등 재무제표를 치밀하게 분석하고 투자해서 지속적인 수익을 올릴 수 있는 방법으로 불리기도 하지만, 주식 시장은 전 세계적인 경기와 비상사태 그리고 국가별 시장 특성에 따라 달라질 수 있기 때문에, 여유자금으로 정말 장기간 보유할 수 있거나 기업의 성장성에 확신할 수 없다면, 가치 투자 또한 투자자에게 있어서 어려움을 주지 않는 것은 아니다. 실제로 10년 전 가치주의 현재가격을 확인해보면 모든 가치주에 대한 장기 투자가 10년 후에도 반드시

안주와 불안에서 벗어나라 **비즈니스 디벨로퍼**

수익을 보장하고 있지는 않은 것도 확인할 수 있다.

테크니컬 분석technical analysis을 통한 차트 투자는 간단한 재무제표 분석능력만 있다면 저점과 고점, 거래량, 거래대금, 시장주도 테마주, 추세 등에 대한 분석을 통해 비교적 단기간 투자 또는 트레이딩을 통해서도 수익을 거둘 수도 있고 그렇지 않을 수도 있다. 차트 투자는 가치 투자에 비해 보다 자주 또는 빈번하게 주식 시장이나 투자한 주식을 지켜봐야 하고, 기업분석을 가치 투자에 비해서는 비교적 덜 하기 때문에 리스크가 비교적 크고, 차트 투자에 맞는 훈련과 경험 그리고 노하우가 필요하다.

문제는 투자를 할 때 남들이 하는 이야기만 듣고 하는 투자다. 투자의 결과에 대한 책임은 본인에게 있고, 본인의 투자성과는 가까운 주변 사람들에게 영향을 미친다. 투자라는 활동을 하기 위해서는 일정 기간의 도움닫기 기간과 노력 및 힘이 필요하다. 그 기간을 어떻게 통과했는지가 결과에 큰 영향을 미친다.

Criteria 인생을 바꿀
자신만의 공식

자신만의 완성된 실력을 갖추기 위해서 보통은 공부라고 불리는 지식습득의 단계, 훈련의 단계를 거쳐 실력을 갖추는 단계에 이른다. 예를 들어, 골프에 입문하기 위해서 골프연습장에 간 첫날, 입문자가 선생님께 골프는 방향이 중요한지, 거리가 중요한지 묻는다면 대개의 선생님은 일단 공을 맞추는 훈련부터 시작하자고 말한다. 학구열에 불타서 그 중간 단계와 마지막 단계가 어떻게 될지 미리 궁금해하는 것은 고무적인 일이다. 하지만 더 중요한 것은 기본을 익히고 훈련과 실전을 거쳐 완성의 단계에 이르는 과정에서 그것을 위한 근육을 키워가며 자신만의 원칙과 기준을 세워가는 것이다.

주식 투자나 부동산 투자 또는 사업개발을 해서 성공한 사람들은 일반적인 사업을 해서 부를 이룩한 사람들에 비해 운이 좋았거나 주위의 도움을 보다 많이 받았을 것으로 여겨지기도 한다. 하지만 제품이나 서비스의 개발, 제조, 유통, 마케팅, 영업, 거래선관리, 조직관리, 판매관리, 유지보수 등 다양하고 복잡한 과정을 거치지는 않았을지언정 나름의 과정을 거치지 않은 것은 아니다.

어쩌면 그들은 일반 사업가들보다 시장의 원리와 자신만의 기준을 조금 다른 방식으로 터득했는지도 모른다. 자본주의 속에서 빠르게 성장한 국가들 중에 지위를 이용한 정보습득이나 비정상적인 자금력으로 부정하게 부를 이룬 사람들의 병폐가 나타나기도 하지만, 자본주의의 재무적 시장이나 자본 활동 시스템을 무시할 수는 없는 일이다. 워렌 버핏 같은 경우는 특별한

안주와 불안에서 벗어나라 **비즈니스 디벨로퍼**

경우이기도 하지만 성공한 가치 투자자로서 '오마하의 현인'이라고 불리기도 한다.

주식 투자에 처음 입문할 때 PER, PBR, ROE 같은 단어들을 배우게 된다. 이들은 투자할 기업의 가치가 어느 정도 되고, 적정한 주가가 얼마인지를 정하는 나름의 기준을 설명해준다.

- **PER** : 주가수익률Price Earning Ratio＝시가총액/순이익
- **PBR** : 주가순자산비율Price Book-value Ratio＝시가총액/자본총계
- **ROE** : 자기자본이익률Return On Equity＝순이익/자본총계

그런데 주식에 투자하는 사람들 중에 기업의 가치평가에 대한 자신만의 기준이 없거나 재무제표를 보지 않고 자신의 아까운 돈을 주식에 투자하는 사람들이 많다. 물론 차트의 형태를 보고 투자를 하거나 다른 기술적 투자를 하는 경우도 있기도 하지만, 기본적인 기업에 대한 나름의 가치평가나 가치분석은 필요하다.

특히 투자가 단기적이지 않고 장기적이거나 단번에 끝나는 것이 아니라 앞선 경험을 축적해서 점점 나아지기 위해서는 이전의 방식이 왜 잘못되었거나 잘되었는지 또는 그와 관련한 시장동향이나 기술동향 또는 국가의 정책이나 글로벌 환경이 어땠는지를 연관해서 살펴볼 필요가 있다. 사업개발도 마찬가지다.

흘러야
산다

기업활동을 통해 나타나는 현금의 유입과 유출을 통틀어 현금흐름Cash Flow이라 한다. 기업의 현금흐름이 좋지 않으면 자산이나 매출의 규모가 크다고 하더라도 기업활동에 필요한 개발, 생산, 마케팅, 판매, 투자 등에 필요한 자금을 적시에 투입하지 못해 기업의 성장이나 재무건전성에도 악영향을 끼치게 될 우려가 생긴다.

기업의 재무상황을 확인할 수 있는 재무제표의 5가지 구성요소는 다음과 같다.

- **재무상태표** : 기업의 일정시점에 자산, 자본, 부채 등 재무상태를 보여주는 재무제표
- **손익계산서** : 기업의 수익 및 비용 등 손익현황을 보여주는 계산서
- **현금흐름표** : 일정기간 내 현금의 유입 또는 유출 등 현금흐름을 보여주는 상태표
- **자본변동표** : 한 회계기간에 발생한 자본의 변동을 보여주는 재무보고서
- **주석** : 재무상태표, 손익계산서 현금흐름표에 표시되는 정보

에 추가 제공되는 정보

이 중 현금흐름표는 수입과 지출을 크게 영업 활동, 재무 활동, 투자 활동으로 구분한다. 어떤 사업을 하든 기업은 영업 활동, 부채상환 및 투자자에게 수익을 분배하기 위해 현금이 필요하며, 이러한 현금의 변동내역은 사업자는 물론, 자금을 제공한 재무적 및 전략적 투자자 모두에게 중요한 정보다. 현금흐름표는 기업의 현금창출 능력에 관한 정보를 제공함으로써 미래 현금흐름을 추정이 가능하게 하는 것은 물론, 기업의 부채 상환 및 배당금 지급 능력과 자금의 유동성을 평가하는 데 유용한 정보를 제공한다.

거래에서 지급수단이나 유통수단으로써의 기능을 가진 화폐를 '통화'라고 한다. 통화의 영어 표현인 'Currency'의 어근인 'Cur'는 달리다 또는 흐르다의 의미다. 자본주의사회에서 자본과 현금의 흐름이 원활하지 않을 때 경제적인 문제뿐만 아니라 사회적인 문제가 발생하게 된다. 에너지원을 통해 에너지를 발생시키는 모든 발전기관에서 통로가 막혀 흐름이 원활하지 않다면 점차 효율이 떨어지면서 문제를 일으키게 되고, 사람이 살아나갈 수 있도록 하는 피의 흐름이 동맥경화 등을 통해 원활하지 못하게 된다면 건강에 이상을 발생시킨다.

C-Level 중간이 사라진 CXO의 시대

일론 머스크, 팀 쿡Tim Cook, 제프 베이조스, 빌 게이츠Bill Gates, 워렌 버핏, 래리 엘리슨Larry Ellison, 래리 페이지, 세르게이 브린, 스티브 발머Steve Ballmer, 마윈馬雲, 마이클 델Michael Dell, 김정주, 로버트 스완Robert Swan, 선다 피차이는 현직 CEO이거나 CEO를 역임한 적이 있고, 수십조 원 이상의 재산을 가지고 있거나 수천억 원 이상의 연봉을 받고 있는 인물들이다.

이 중 테슬라의 일론 머스크는 2020년에 한화로 약 180조 원 이상, 2021년에는 약 400조 원의 재산을 가지고 있는 것으로 발표되었다. 이는 핀란드, 칠레, 베트남 등 국가의 연간 GDP(국내총생산)보다 많은 금액이다.

CEOChief Executive Officer는 회사나 단체의 최고경영책임자로서 조직에서 총괄적인 경영을 책임지는 가장 높은 위치에 있는 경영자를 말한다. 화려하게 공식 석상에서 얼굴을 드러내고 높은 연봉을 받는 CEO의 모습은 사람들에게 동기부여가 되기도 해서 많은 사람은 기업의 CEO가 되기를 꿈꾸기도 한다. 그리고 점차 시장 및 조직의 구조가 복잡해지고 분야별로 전문가적인 의사결정과 책임이 중요해지면서 다양한 C-Level이 생겼고 점차 다양해지고 있다.

안주와 불안에서 벗어나라 **비즈니스 디벨로퍼**

- **CEO** : Chief Executive Officer

- **COO** : Chief Operating Officer

- **CFO** : Chief Financial Officer

- **CTO** : Chief Technology Officer

- **CMO** : Chief Marketing Officer

- **CIO** : Chief Information Officer

- **CIO** : Chief Investment Officer

- **CIO** : Chief Innovation Officer

- **CRO** : Chief Revenue Officer

- **CRO** : Chief Risk Management Officer

- **CCO** : Chief Compliance Officer

- **CCO** : Chief Creative Officer

- **CSO** : Chief Strategy Officer

- **CSO** : Chief Security Officer

- **CHRO** : Chief Human Resources Officer

- **CDO** : Chief Data Officer

- **CDO** : Chief Design Officer

- **CDTO** : Chief Digital and Technology Officer

- **CPO** : Chief Product Officer

- **CQO** : Chief Quality Officer

대한민국의 IMF 외환위기와 세계 금융 시장을 뒤흔든 리먼브

러더스 사태, 그리고 코로나바이러스 팬데믹을 겪으면서 뉴노멀을 맞이하게 되었고, 이는 조직의 고용방식이나 체계와 업무 형태뿐만 아니라 조직원의 역할 및 의사결정구조까지 바꿔 놓았다. 기업들은 공채를 통한 대규모 채용방식을 줄였고, 필요한 자리에 필요한 인력을 필요할 때 뽑는 방식을 늘리고 있다. 그러다 보니 경험이 없는 신입사원을 채용하는 비율이 줄어들게 되었고, 그 기간이 늘어나게 되면서 조직에서 허리 역할을 튼튼히 할 중간실무자들의 조직형태까지 흔들리게 되는 경우가 발생하고 있다. 기술과 산업이 빠르게 변하며 발전하고 있기 때문에 예전처럼 선임이 후임에게 무언가를 배우고 가르쳐 줄 새도 없이 각자 얼마나 빠르게 변화에 적응하며 발전하느냐 하는 경쟁상황에 모든 조직원이 빠지게 되었고, 극단적으로는 중간 조직이 빠진 상태에서 실무 조직과 의사결정 조직으로만 나누어지는 경우까지 발생하고 있다.

· **경영자** : 치프^{Chief}
· **개발자** : 디벨로퍼^{Developer}
· **실무자** : 오퍼레이터^{Operator}

정해진 일을 실무적으로 처리하는 담당자를 오퍼레이터라고 한다면, 그에 대한 의사결정을 하고 책임을 지고 업무와 조직 전반을 경영하는 위치를 치프^{Chief}(경영자)라고 부른다. 조직이나 산업의 구조나 형태가 혁신적으로 변하고 있기 때문에 전통적인 경영자 역할을 하는 치프는 기업별로 가장 중요하고, 필요한 위치에서 기술기업, 마케팅기업, 컨설팅기업, 제조기업, 온라인기업, 플랫폼기업별로 기업의 유지와 성장에 가장 중요한 역할을 맡고 있는 치프가 CEO 역할을 맡게 되기도 한다.

오퍼레이터가 치프로 가는 단계에서 '전략' 및 '개척'과 관련된 임무를 맡게 되고, 전략적 오퍼레이터들은 새로운 방식, 새로운 분야, 새로운 시장의 개발을 통해 디벨로퍼의 과정을 거쳐서 치프의 위치에 도달하기도 한다. 조직 내에서 누군가가 남들에 비해 그 일을 가장 잘한다고 해서 C-Level의 치프 자리를 맡게 되지는 않는다. 남들보다 업무를 잘하는 누군가는 그 업무를 가장 잘하는 오퍼레이터일 뿐이다. 치프는 디벨로퍼의 기능과 역할을 넘어선다. C-Level은 회사가 나아가고자 하는 방향을 함께 이해하고 책임을 지며 의사결정에 참여해서 조직을 이롭게 하며 성장시킨다. 디지털시대에 사는 우리는 0과 1 사이의 사다리를 걷어차였다. 이제 스스로 만들어내야 하는 0과 1 사이의 중간을 이을 수 있는 사다리는 전략과 투자와 사업개발이다.

Contingency 만일의
상황

　부동산 상가와 사무실 시장에는 많은 공실이 있다. 그 공실이 많은 지역은 상가나 사무실을 임대해서 사업을 하려고 하는 수요보다 상가와 공급이 많다는 뜻이다. 주택 시장의 가격이 올라가고 규제가 강화되면서 많은 사람들은 상가 투자에 관심을 가지게 되었다. 상가 투자는 주택 시장에 대한 매매와 투자에 있어서 개념이 다르다. 투자 측면에서 본다면 주택에 비해 고려할 만한 사항이 훨씬 많지만 한편, 주택에 비해 오히려 의지와 노력을 통해 가치상승을 시킬 만한 여지와 기회는 많다.

　싸게 사서 제값을 받고 팔면 수익을 올릴 수 있다. 그때 싸게 산 물건에 가치를 더한다면 수익성을 향상시킬 수 있다. 하지만 모든 일에는 예상치 못한 만일의 상황이 발생한다. 경험과 학습은 그 예상하지 못한 만일의 상황의 가능성을 줄여가는 과정이다.

　컨틴전시Contingency란 예상치 못한 긴급한 사태가 발생할 경우를 대비해 미리 만들어 놓는 위기대응책으로, '만일의', '우연한' 또는 '우발성'이라는 의미를 내포하고 있다. 코로나가 전 세계적으로 대유행을 하고 변이바이러스가 생기며 그 기간이 길어지면서 경제는 물론, 사회적이나 문화적 또는 정치적으로까지 그 불확실성이 확대되고 있다. 작은 가게를 통해 생업을 이어가는 소상공인부터 글로벌 기업들도 전혀 예상되지 않았던 사태 가운데 경영 전반에 영향을 받고 있다. 그래서 일반 가계, 기업 및 국가가 빠짐없이 '컨틴전시 플랜', 즉 비상경영 체제를 가동하고 있다.

모든 준비를 완벽히 마친 후에 새로운 일을 도모할 수도 없지만, 목표를 이루기 위해 하는 모든 도전에는 예상치 않은 상황이 발생하게 된다. 이때 구체적인 상황에 대책보다는 돌발적이고 불확실한 경영환경과 변화과정에 대해 각 상황에 따라 빠르고 유연하게 대응하는 대처방식이 마련되어야 한다. 즉, 갈수록 더 이제까지 없던 우발적인 사태가 발생할 가능성을 염두에 두어야 하고, 이럴 때 기존의 시나리오 경영만으로는 적절한 대응이 어렵게 된다. 이러한 경우에 대비하는 것은 리스크 대처 매뉴얼이 아닌 예상치 못한 돌발 상황에 대처하는 컨틴전시 플랜이다.

많은 사람들이 컨틴전시 플랜을 세우고 있다고 생각하지만 그러지 못한 것도 문제이고, 일상적으로 업무처리과정에서 당연히 포함되어야 할 것이 고려되지 않아 마치 컨틴전시인 것처럼 생각되는 것 또한 문제다.

일에는 과정이 있고 그 과정에 포함되어야 할 많은 항목들이 있다. 상가 투자를 하면서 공실이 생기는 것은 어떤 사람에게는 컨틴전시고 어떤 사람에게는 당연한 과정이다. 이들은 공실을 새로 인테리어를 하거나 가치를 높여 사업을 운영할 수 있게 하거나 가치가 올라간 제값에 매각하는 과정을 일반적인 투자의 전 과정에 포함시키고 있다. 영국의 사상가인 에드먼드 버크Edmund Burke는 소나무가 늘 푸른 이유는 끊임없이 잎을 바꾸기 때문이라고 했다. 끊임없는 변화와 관심이 오히려 리스크를 줄일 수 있다.

Coordinate 물에 젖는 것이 두려운가

'주식농부'로 알려진 박영옥은 초기 자본금 4,500만 원으로 시작해 2015년에 5% 이상 지분공시를 한 투자 기업들의 지분 총액이 한때 2,000억 원에 이를 정도로 주식 투자로 성공한 주식 투자자 중 한 명이다.

그는 농부가 농작물에 애정을 가지고 땅을 소중히 여기듯, 기업을 소중하게 생각하고 동행하면서 소통하면 누구나 주식부농이 될 수 있다고 하면서, 농부처럼 부지런하고 우직하게 투자하는 것이 풍성한 수확을 얻을 수 있는 길이라고 했다. 즉, 좋은 씨앗을 찾고 가꾸어 시간을 두고 기다리는 것, 이것이 투자에 성공한 비결이라는 것이다.

안주와 불안에서 벗어나라 **비즈니스 디벨로퍼**

그가 쓴 《주식 투자 절대원칙》이라는 책에서 제시한 투자 10계명은 첫째 투자자의 시선을 가져라, 둘째 부화뇌동하지 마라, 셋째 아는 범위에서 투자하라, 넷째 투자의 대상은 기업이다, 다섯째 주주는 기업의 주인이다, 여섯째 투자한 기업과 동행하며 소통하라, 일곱째 기업의 성장주기에 투자하라, 여덟째 주식 투자는 농사다, 아홉째 투자 기회는 항상 있다, 열째 올바른 마음으로 크게 생각하라다. 그가 10년 넘게 50% 이상의 투자 수익률을 거두며 30년간 성공적인 투자를 지속하면서 만든 방식이라고 하니 다시 눈과 귀를 열고 되짚어보게 된다.

박영옥은 기업가적인 마인드로 주식 투자를 하는 것을 원칙으로 삼고 있다고 하고 있으며, 역시 그 제시한 방식들은 기업 경영이나 사업개발에도 충분히 적용할 만하다. 특히 부화뇌동하지 말고 성장주기에 올바른 마음으로 크게 투자하라는 내용은 평범해 보이지만 오랜 투자의 경험이 담긴 사업 투자의 원칙으로도 삼을 만하다.

한편 농부가 원칙에 따라 무던하게 자리를 지키면서 좋은 씨를 심어 열매를 맺고 수확을 거둔다면, 어부는 한자리에 머물러 있지 않고 새로운 곳을 찾아서 움직인다. 바다와 싸우며 보다 큰 위험을 극복해내기도 한다. 그리고 한번 자리를 잡으면 그 자리에서 한동안 머물며 기다린다. 어부는 자신과 배가 물에 젖는 것을 두려워하지 않고 바다로 뛰어들어 물고기를 잡는다. 어부 정신은 빠르게 변하는 바다의 상태나 물고기의 움직임과 같은 변화를 재빠르게 읽고 거기에 대처하는 것이다.

생각하고 실천을 해서 스스로의 힘으로 무언가를 거두어들인다고 하는 것은 대단한 일이다. 기후와도 싸워야 하고 파도와도 싸워야 한다. 그리고 그 모든 것을 지혜롭게 이겨내야 한다.

결단하라

요행의 유혹에 넘어가지 마라. 요행은 불행의 안내자다.

– 시어도어 레빗(Theodore Levit) –

Classify 앙드레 코스톨라니

《돈, 뜨겁게 사랑하고 차갑게 다루어라》의 저자인 앙드레 코스톨라니Andre Kostolany는 '산책하는 개 이론'으로 유명하다. 실물경제는 투자 시장에 후행한다는 것을 이해하기 쉽게 설명하는 이 이론의 내용은 이렇다.

주인이 개를 산책시킬 때 어떤 때는 개가 앞서서 달리기도 하고, 어떤 때는 개가 주인보다 뒤처져 따라올 때가 있다. 때로 주인과 개의 거리가 다소 멀리 떨어지기도 하지만 주인이 산책을 마칠 즈음에 개는 주인 곁에 다가와 있다.

자산 시장과 정부의 경기부양책 그리고 시중의 유동성 증감에 따라 주식 시장과 자산 시장은 실물경제와 멀리 앞서가기도 하고 멀리 뒤처지기도 하면서 가까이 회복되기도 한다.

때로는 개가 에너지를 소진한 후 주인에게 끌려가는 신세가 되는 것처럼 시중에 유동성이 넘쳐나면서 실물 투자가 확신을 가지고 투자에 참여하게 되기도 한다. 이러한 자산 시장과 실물경제의 오르내림 가운데 일반 서민 투자자들은 조직적인 대형 기관 투자자들이 시장에서 빠져나갈 때 가격조정에 대응하지 못하거나 오히려 공격적인 투자를 해서 지치거나 쓸데없이 힘이 넘쳐나서 결국에는 손실을 보게 되는 경우도 발생하게 되고, 경기 회복기가 원만하게 자산 시장 상승의 절정기에 이를 때 이익을 보게 되기도 한다.

또한 코스톨라니는 거시경제의 흐름을 간단한 그림 한 장의 달걀 형태의 모형으로 만들어 '앙드레 코스톨라니의 달걀'로 더 많이 알려져 있다. 이는 금리와 경기에 따라 호황기와 불황기를 나누고 이를 통해 경기선행지표에 따른 매수시점, 매도시점, 기다려야 하는 시점 등을 구분할 수 있도록 해주었다. 그 내용은 대략 이렇다.

- 달걀의 최상부는 호황기에서 불황기로 넘어가는 순간으로 경기가 너무 좋아 사람들이 돈을 많이 써서 유동성이 많아진다. 그리고 기업도 수익이 늘어나 모든 사람들이 투자에 나서면서 투자 시장이 활황이 되는 구간이다.
- 시장에 유동성이 풍부해서 금리가 인상되면 사람들은 위험한 투자보다는 안전한 자산에 집중하게 된다.
- 시장이 침체기에 들어서면서 불황이 지속되면 투자를 활성화시키기 위해서 금리가 낮아진다. 저금리가 지속되면 실물자산에 대한 투자가 다시 서서히 살아난다. 이때부터 부동산 투자가 시작된다.
- 달걀의 최하부는 불황기의 끝이다. 저금리의 지속으로 사람들은 실물자산 외에 위험자산에 투자를 시작하게 된다. 이때부터 주식 투자가 다시 시작된다.

- 불황기가 끝나는 시점을 지나면서 금리로 만족하지 못하는 사람들이 투자에 나서게 되고 주식 시장이 서서히 상승하기 시작한다.
- 다시 호황기로 접어드는 시점에서 주식 시장의 활성화와 시중 유동성의 증가로 인해 금리는 상승하게 되고 투자는 호황기의 고점을 지나 점차 불황기로 접어들게 된다.

이 이론은 다양한 변수들에 따라 투자의 시점을 흐름별로 구분했다. 이는 시대별, 국가별, 상황별로 다를 것이다. 다만 개인, 기업 또는 국가가 처한 상황에 따라 변수에 따른 함수를 구분해서 투자에 들어가는 시점과 빠져나오는 시점을 정할 수 있어야 한다는 것이다. 코스톨라니는 "투자자는 깊이 생각하지 않고 행동을 취하는 것보다 아무 행동도 취하지 않고 깊이 생각하는 것이 더 낫다"라고 했다. 투자에는 책임이 뒤따른다. 언제 어디에 왜 투자를 하는지 알지 못한 상태에서 행하는 투자는 성공적인 결과를 예측하기 어렵다.

Container 쌀이 주식이 된 이유

인류가 살아갈 수 있도록 많은 사람들에게 지속적으로 영양분을 공급할 수 있는 주식(主食)의 조건은 많은 양을 수확할 수 있어야 하고 많은 열량을 공급해야 하기도 하며 특히, 비교적 장기간 저장을 할 수 있어야 한다.

미래에너지인 수소를 쌀과 비교하는 중요한 이유는 자연의 에너지를 저장할 수 있도록 해주기 때문이다. 이제까지 인류가 에너지원으로 사용해온 나무, 석탄, 석유, 가스 등은 어딘가에 저장할 수 있었거나 땅속 깊숙이 수천 년 이상 묻혀 있던 것을 캐내어 사용했다. 하지만 기후변화위기를 맞이하면서 탈탄소 시대가 된 현재에는 재생에너지시스템을 통해 만든 에너지를 송전망을 통해 전력계통에 연결 또는 전송하거나 배터리로 저장하는 데 있어서 점점 한계를 나타내고 있다.

수소는 그것을 해결할 수 있는 방안으로 주목을 받게 되었다. 그것은 바람이나 태양광 같은 자연에너지가 많을 때 에너지로 저장해놓았다가 그 에너지가 부족할 때 사용할 수 있도록 저장과 운송이 가능하기 때문이다. 즉, 예를 들어 태양빛이 강한 여름에 에너지를 모아 놓았다가 그 에너지를 겨울에 쓰기 위해서는 계절 간 저장이 가능해야 하는데, 그 역할을 가장 효율적으로 할 수 있는 것 중의 하나가 수소라고 분석되고 있는 것이다.

갑자기 나타났다가 빠르게 사라지는 기술과 산업 환경 가운데 '담는 경영'이 중요해졌다. 나만의 것과 나의 것을 만드는 것이 중요해졌고, 상대방이 무언가를 나에게 제공하거나 내가 상대방에게 무언가를 제공할 때 담는 그릇이 중요하고 그 안에 무엇이 담겨 있는가가 중요하다. 담지 못하면 앞으로 남는 것처럼 보이지만 뒤로 밑지는 것이 경영과 삶이다. 특히 비즈니스는 무언가를 담을 수 있어야 한다. 단순히 사서 파는 형태의 장사는 담지 못하는 경우에 성장하지 못한다. 즉, 성장하기 위해서는 담을 수가 있어야 한다.

국제 무역에서 많이 쓰여서 국제 항만에서 많이 볼 수 있는 현대의 철제 컨테이너는 미국의 말콤 맥린Malcom McLean이 1956년에 발명했다. 컨테이너는 표준화를 통해 수송비와 수송 시간을 단축시키면서 세계 역사를 한 단계 혁신한 물건이 되었다. 맥린은 고등학교를 졸업하고 1935년에 중고 트럭을 사서 트럭회사를 차려 화물운송 사업을 하면서 국제 운송 시에 육상에서 해상으로 물건을 보다 체계적이고 효율적으로 담아 운송하는 방법을 연구하다가 컨테이너를 고안해내게 되었다.

컨테이너는 물건을 담는 운송할 수 있는 용기로 시작했지만, 이후 이를 통해 세계 화물 운송량을 급격히 높이고 해상 운송비를 혁신적으로 감소시켰다. 사업개발은 가치를 담을 수 있는 그릇을 만들어 그 가치 있는 그릇을 필요한 누군가에게 제공하는 것이다. 내가 담고 있는 가치는 변하지 않고 물려 줄 수 있는 가치인지, 금방 사라질 수 있는 신기루 같은 가치를 담고 있거나 또는 아무것도 담지 못하고 흘려보내고만 있지는 않은지 생각해봐야 한다.

Choice 어떤 길을 선택했는가

스타벅스의 하워드 슐츠의 책 《온워드Onward》에서 창조란 다른 사람들이 자신의 욕구를 채 알아채지 못할 때 미리 그것을 감지하고 충족시켜줄 무언가를 만들어내는 일이고, 혁신은 제품만 새롭게 생각하는 것이 아니라 관계의 특성에 대해서도 새롭게 생각하는 것이라고 했다.

온워드는 '전진, 앞으로'의 의미로 슐츠가 편지를 쓸 때나 연설을 할 때 많이 쓰던 말로써 현실에 대한 안주보다는 혁신을 통해 미래의 창조와 개척을 과감히 선택하는 사람들에게 용기를 주고 힘을 북돋우는 의미를 담은 말이다. 스타벅스는 2008년 2월 미국 내 모든 매장의 문을 닫았다.

이 결정은 600만 달러에 달하는 손실을 주었고, 스타벅스가 스스로 실패를 자인한 것으로 비평을 받기도 했다. 하지만 슐츠는 보다 나은 스타벅스를 위해서 그 판단이 옳았다고 확신했고 이후 스타벅스는 실제로 더 큰 성장을 이루어냈다.

1998년 국내 베스트셀러 중에 구본형의 《익숙한 것과의 결별》이라는 제목의 책이 있었다. 이후 20년이 훨씬 지난 시점에서 쓰여지는 '뉴노멀New Normal'이라는 말은 '익숙한 것과의 결별'을 영문화한 영어단어인 것처럼 맥락이 비슷하다.

즉, 이제까지 익숙하던 삶과 모습에서 결별하고 새로운 삶이 방식이 일상Normal이 되는 의미가 상황적으로 닮아 있는 말이다. 그 책에서 위기 및 변화와 관련해서 자주 인용되기도 하는 앤디 모칸Andy Mochan의 이야기가 나온다. 책에 나온 이야기를 간략하게 정리해보면 다음과 같다.

1988년 7월, 영국 스코틀랜드 근해 북해 유전에서 석유 시추선이 폭발해서 168명의 목숨이 희생된 사고가 발생했다. 앤디 모칸은 지옥 같은 그곳에서 기적적으로 자신의 목숨을 구할 수 있었다. 그가 한참 잠이 들었을 때 그는 잠결에 들리는 엄청난 폭발음 소리에 본능적으로 밖으로 뛰쳐나갔다. 그의 눈앞에는 거대한 불기둥이 곳곳에서 요란한 소리와 함께 치솟고 있었다. 아무리 주위를 둘러보아도 피할 곳이라고는 없었다. 순간 그는 배의 난간을 향해 전력을 다해 뛰었다. 하지만 바다 역시 새어나온 기름으로 불바다를 이루고 있었다. 그가 바다로 뛰어내린다 하더라도 길어야 30분 정도 여유가 있을 뿐이었다. 그 짧은 시간 안에 구조되지 않으면 살기를 포기해야 할 것으로 판단되었다. 더욱이 배의 갑판에서 수면까지는 거의 50m 높이였다. 모든 것이 불확실했다. 그리고 무엇보다도 그는 두려웠다. 머뭇거림도 잠시, 그는 불꽃이 일렁이는 차가운 북해의 파도 속으로 몸을 던졌다. 배에 남아 있던 168명은 목숨을 잃었고 모칸은 살아남았다. 삶과 죽음을 가르는 그 순간, '불타는 갑판Burning platform'에 그대로 남아 있는 것은 죽음을 기다리고 있는 것과 같다는 것을 깨달았다. 그는 바다로 뛰어들었다. 그것은 선택이었다. '확실한 죽음certain death'으로부터 '죽을지도 모르는possible death 가능한 삶'으로의 선택이었다.

사람들은 변화에 대한 두려움보다 어쩌면 오히려 익숙한 것에 대한 편안함 때문에 변화하지 않는다. 새로운 가치를 만들어내는 조직과 사람이 리스크를 벗어나서 성장할 수 있다. 지금 성공의 자리에 있는 사람들은 안전지대에서 빠져나와 새로운 도전을 한 사람들이다.

Control 시스템
경영

유럽의 워렌 버핏으로 불린 앙드레 코스톨라니는 그의 책에서 국가별로 돈을 버는 것에 대한 표현에 대해 이렇게 이야기한 적이 있다. "독일인들만 고지식하게 '돈을 번다'라고 말한다. 프랑스인들은 '돈을 얻는다'라고 말한다. 또한 영국인들은 '돈을 수확한다'라고 말하고, 미국인들은 '돈을 만든다'라고 말하며, 헝가리인들은 '돈을 찾는다'라고 말한다."

우리나라도 독일과 마찬가지로 "돈을 번다"라고 한다. 검소하고 부지런한 성격이 비슷한 우리나라와 독일은 돈은 열심히 땀흘려 일해서 버는 것을 덕목으로 삼고 있어서 그런지 말도 그렇게 한다. 돈을 만든다거나 돈을 얻는다는 것은 왠지 돈을 벌 만큼 힘들여 일하지 않고 불로소득을 얻는 것 같은 뉘앙스를 준다. 돈이 스스로 돈을 벌거나, 시스템이 사업을 스스로 운영한다는 것에 대해서 국가마다 사람마다 인식이 다르다. 수고는 땀 흘림이며 대가는 그에 상응해야 한다고 생각하는 사람이 있는가 하면 그 말이 정답이 아니라고 말하는 하는 사람도 있다.

오래전부터 기업들은 '시스템 경영'이라는 말을 쓰기 시작했다. 시스템 경영이란 업무를 표준화, 시스템화해서 체계적으로 업무를 실행할 수 있도록 하고, 이를 정기적으로 평가와 연계

해서 전체적으로 시스템에 의한 보다 효율적으로 경영이 되도록 하는 것을 말한다. 비즈니스를 시작한 후 마무리해서 결과물을 얻기까지는 많은 과정들이 있다. 그 모든 일을 한 사람이 다해낼 수는 없으며, 적은 수의 인원으로도 보다 효율적으로 많은 사람이 한 것 이상의 결과물을 얻어내야 한다. 그러기 위해서는 좋은 시스템이 작동해야 한다. 소득에도 근로소득, 자본소득, 사업소득이 있듯이 비즈니스에도 여러 가지 성과에 대한 다양성이 요구되고, 그것을 잘 이루어내기 위해서는 그에 맞는 좋은 시스템이 요구된다.

Core Value 고객의 고객은
누구인가

회사를 매각하려면 갖춰야 할 것들이 있다. 사업아이템과 재무적인 장점이 있으면 좋은 가치를 인정받고 높은 가격에 매각할 수 있겠지만, 이런 경우에 회사의 오너들은 매각할 필요를 못 느낀다. 그리고 주위에서도 좋은 회사를 모르는 사람에게 왜 팔려 하느냐고 말린다.

회사를 매각하려고 할 때는 많은 경우 재무 건정성이 악화되기 시작했거나, 이미 악화된 경우 또는 오너가 사업에 더 이상의 성장가능성이 없다고 판단했거나, 사업에 흥미를 잃었거나, 열정을 가지고 사업을 유지할 체력이 뒷받침이 안 되는 경우 등이다.

다양한 좋은 조건과 나쁜 조건을 테이블에 올려놓고 매각협상을 할 때 또한 중요한 것이 매각 이후의 이 비즈니스의 전망이다. 비즈니스 인수자들은 사업대표의 매각의사를 받은 사람들로부터 소개를 받았거나 사업이 잘되고 전망이 있다는 소문을 듣고 때로는 최저가에 때로는 큰 프리미엄을 투자해서 미래에 더 큰 성장을 꿈꾸며 하는 투자의 형식이 많다.

즉, 사업의 인수자들은 투자 대비 더 큰 회수를 할 수 있을지 없을지를 보고 중대한 의사결정을 해서 투자를 하는 것이고, 매각자들은 현재는 이 정도로 돌아가고 있지만 여기에 어떤 노력이 보완되었을 때 얼마만큼의 더 큰 성장 가능성이 생길 수 있는지를 생각해서 제시할 수 있어야 한다.

비즈니스는 직접 만나서 계약을 하거나 거래를 하는 당사자들과의 단순한 구조로 되어 있지 않다. 비즈니스를 보다 성장시키고 기업의 가치를 높이기 위해서는 고객이 무엇을 중요한 가치로 여기고, 고객이 그들의 고객에게 무엇을 공급하기를 원하는지 생각해야 한다. 예들 들어 스마트폰 완성품이나 자동차 완성품 회사에 부품을 납품하는 납품업체라고 생각을 해보자. 스마트폰이나 자동차에서 요구하는 기능을 가장 잘 공급하는 것이 우선의 최고의 임무다. 하지만 완성품 업체들이 최종 고객들에게 제공하고자 하는 더 큰 가치를 납품업체에서 고민해서 제공할 수 있다면 그 회사는 더 큰 경쟁력을 가지게 된다. 최선을 다했지만 목표점에 도달하지 못한 경우의 원인을 살펴보면 내가 마주하는 단계의 다음 단계를 미리 생각하지 못하는 경우일 때가 종종 있다.

Complain 불만에서 답을 찾아라

많은 스타트업은 문제제기를 통해 스타트된다. 사업개발도 마찬가지다. Negative(부정적인 사고)와 Complain(불평, 문제제기)은 그 접근방식과 해결하는 과정에서 서로 다르다. 불평은 성장이나 성공하지 못하는 사람들의 대표적인 특징이라고 하지만 그때 말하는 불평은 오히려 부정적인 사고에 가깝다. 왜 안 되고 얼마나 어려울지는 누구나 알고 있다. 하지만 그 문제를 풀어갈 것인가 아닌가에 차이가 있다. 세상은 불편과 불만족을 개선하면서 발전했다. 특히 스타트업은 세상의 문제를 발견해서 그것을 해결하려고 일선에 서 있는 것이 그 주요한 역할이다.

맥킨지에서 제시한 문제해결방법 7단계는 다음과 같다.

1. 문제 정의 Define Problem
2. 문제 정의에 따른 이슈를 구조화 Structure Problem
3. 구조화된 이슈를 중요한 순서대로 우선순위를 책정 Prioritize Issues
4. 우선순위 기반 시간 분배 및 분석을 위한 워크플래닝 Plan analyses and work
5. 가설을 바탕으로 해당 이슈 분석 Conduct analyses 및 객관적 증거 도출
6. 수집한 증거 및 분석에 기반해서 질문에 기반 시사점 도출 Synthesize findings
7. 실제로 실행에 옮겨야 할 사안에 대해서 제안 제시 Develop recommendations

BTS를 만들어 키워낸 프로듀서 방시혁은 서울대 졸업식 축사에서 "불만과 분노가 내 원동력"이라고 말한 적이 있다. "저는 별다른 꿈 대신 분노가 있었다"라며 "납득할 수 없는 현실, 저를 불행하게 하는 상황과 싸우고, 화를 내고, 분노하며 여기까지 왔다"라고 말했다. 이어 "그것이 저를 움직이게 한 원동력이었고 제가 멈출 수 없는 이유니, 많은 분께 위로와 행복을 드릴 수 있었던 것은 제 꿈이 아니라 제 불만이 시작이었을지도 모르

겠다"라며 "지금 주어진 납득할 수 없는 문제를 개선해나가겠
다"라고 강조했다.

불만이 불만으로 끝난다면 머물러 있거나 후퇴한다. 하지만
불만을 가능성으로 만든다면 보다 나은 다음 단계로 나아갈 수
있다.

Concentration 영점 조정

사격을 할 때 총포의 조준점과 탄착점이 일치되도록 조준 장
치나 가늠자를 조정하는 것을 '영점조정'이라 한다. 영점조정이
제대로 되지 않으면 아무리 집중해서 사격을 해도 정상적으로
총알이 과녁의 중앙을 맞추기는 쉽지 않다. 즉, 목표Target에 정
확히 도달하기 위해서는 집중을 하기 전에 영점조정을 먼저 하
는 것이 우선이다.

그리고 조직 내에서도 나아가고자 하는 방향과 비전이 경영
자와 조직원이 모두 함께 맞춰져 있지 않는다면 다 함께 집중
해서 사격을 하더라도 여러 총알이 목표한 목표지점에 도달하
지 못하고 이곳저곳으로 흩어져서 제대로 된 힘을 발휘하지 못
하게 된다. 반대로 조직이 한 지점으로 영점조정이 잘되어 한곳

안주와 불안에서 벗어나라 **비즈니스 디벨로퍼**

으로 집중해서 나아가게 된다면 제대로 된 힘을 발휘할 수가 있는 것이다.

열심히 하는데도 제대로 된 실적을 성과로 달성하지 못하게 되다 보면 계속해서 영점조정을 변경하게 되고 시간이 흘러갈수록 집중력이 흩어지면서 결국 내 과녁에는 관심을 덜 두게 되고 다른 과녁에 곁눈질을 하게 된다. 사업이 목표한 대로 잘되지 않는다고 생각하는 회사 대표들 중에서 원래의 사업에 충실하기보다는 계속해서 다른 곳에 관심을 더 두어 악순환을 지속하기도 한다. 그래서 가능하면 시작을 하기 전에 영점조정을 하는 것이 좋다.

지금처럼 운송기술이나 저장기술이 발달하기 전에, 누군가 바닷가에서 생선고기를 잡아서 파는 사업을 하려 한다고 생각해 보자. 생선은 당연히 바닷가에서 많이 잘 잡을 수 있으므로 당연히 바닷가에 자리를 잡고 고기를 잡아서 팔려고 했을 것이다. 그런데 바닷가에는 이미 같은 생각을 하는 경쟁자들이 자리 잡고 있고, 그 경쟁에서 이길 수 있어야만 살아남을 수 있었을 것이다. 그리고 누군가는 바닷가에서 다른 사람이 잡은 고기를 사서 경쟁자가 없는 산골에 팔기 위해서 얼마나 빠르게 산골로 이동할 수 있을지를 연구해서 살아남은 사람도 있을 것이고, 그러면서 생선을 얼마나 오랫동안 잘 보관하며 신선하게 이동할 수 있을까를 고민한 사람도 생겨났을 것이다. 또한, 생선을 말려서 파는 사람도 생겨났을 것이다.

새로운 사업기회가 산업으로 성장하면서 그 산업 속에서 내가 가장 잘할 수 있는 사업을 생각해낼 수 있어야 하고, 그 사업에 영점조정을 한 후 집중을 해야 한다. 그리고 같은 생각을 하는 동료와 파트너들과 함께 목표를 정하고, 그 목표에 정확히 조준해서 총알을 도달시켜야 한다. 사업개발은 새로운 것을 찾아 헤매는 것을 말하는 것이 아니다. 산업군 내에서 가장 잘할 수 있는 역할을 찾아내어 가장 큰 가치에 집중해서 만들어내는 것이다.

Competition 경쟁 우위를 통해 시장을 확대하라

경영전략의 대가인 마이클 포터Michael Eugene Porter는 산업구조 분석 5가지 경쟁요인을 제시했다. '5 Force Model'이라고 하는 5가지 경쟁요인은 다음과 같다.

· 신규진입자Entrant
· 경쟁자Competitor

- 대체품 Substitution
- 구매자 Buyer
- 공급자 Supplier

　이들 경쟁요인들은 분석과 교섭 및 해소를 통해 극복하고 경쟁우위로 발전되어야 한다. 즉, 경영전략은 경쟁요소와 전략방안 및 가치를 기반으로 구축되어 우위를 점하는 방향으로 완성되어야 한다. 포터의 3가지 주요 전략은 원가 우위전략, 차별화전략, 집중화전략이다. 원가 우위는 경쟁자에 비해 원자재 수급 및 생산비용의 경쟁력을 갖추고 마케팅을 통한 규모의 경제의 달성을 통해 원가 우위를 점해야 한다는 것이다. 차별화는 자신만의 핵심가치 Core Value를 갖출 수 있도록 상품 및 서비스기획 단계부터 경쟁자들과 차별화된 전략을 구축하는 것이다.

　남들이 제공할 수 없는 자신만의 품질, 기능, 이미지, 서비스를 제공함으로써 경쟁자들에 비해 경쟁 우위를 갖게 된다. 그리고 집중화는 특화된 목표 시장에 집중해서 전략적 우위를 갖는 것이다. 그것은 고객전략, 포지셔닝전략, 채널전략 등 집중을 통해서 성과를 달성할 수 있는 모든 분야를 아울러 경쟁 우위를 확보하는 전략이다.

　기존의 산업 분야에서 전통적인 제품이나 서비스를 제공하면서 경쟁 우위를 갖기는 어렵다. 기술적인 변화, 신산업의 창출,

신규 플랫폼의 공급 등을 통해서 시장에서 새로운 기회를 만들어내고, 그 가운데에서 새로운 가치사슬Value Chain을 만들어내는 것이다.

Charge 폭발적인 성장

스케일업Scale-up은 사전적인 의미로 규모를 확대하는 것을 말하지만, 언젠가부터 '10인 이상 기업 중 최근 3년간 연평균 매출 혹은 고용이 20% 이상 증가한 기업'으로 정의되기도 한다. 대나무가 수년간 죽순 상태로 있다가 자랄 때 하루에 30cm 정도씩 자라기도 하듯이, 오랫동안 기술축적을 하고 완성도 있는 솔루션이나 플랫폼을 만들어 고객 팬덤을 만들었을 때, 하루아침에 얼마 전까지 작은 스타트업이었던 회사가 폭발적인 성장을 통해 유니콘 기업이 되기도 한다.

사람의 키도 크는 둥 마는 둥 해서는 얼마 못 자라고 멈추지만, 제대로 자란 키 큰 친구들은 중고등학교 시절에 키가 크는 모습이 눈으로 보일 정도로 쑥쑥 자랐다고 하기도 한다. 사람도 사업도 완만한 곡선을 그리며 느긋하게 자라는 것처럼 보이지만, 크게 성장한 기업을 보면 몇 번에 걸친 계단처럼 급격하게 성장한 시기를 지나 지금의 위치에 다다른 것을 볼 수 있다. 너무 오랫동안 느긋하게 성장해서는 뒤따라오는 쑥쑥 크는 후배들에게 금세 따라잡힌다.

클리프 러너Cliff Lerner는 그의 책《폭발성장Explosive Growth》에서 폭발성장을 위한 80가지 팁을 제시했다.

첫 번째는 '사람들이 지금 비효율적으로 하고 있는 것을 찾아내고, 그것을 10배쯤 더 쉽게 하면서도 동일한 성과를 낼 수 있는 해결책을 만들어라. 당신의 상품은 이러한 원칙을 지키고 있는가?'라는 것이다. 좋은 기술과 솔루션을 가지고 있으면서도 성장하지 못하는 기업이나 사업을 보면, 확대를 위해서 똑같은 양의 수고와 노력이 계속해서 투입되어야 하는 경우를 볼 수 있다.

예를 들어 세상에서 가장 좋은 호미를 대장간에서 하루에 한 개씩 만들어 판다면, 아무리 희소성에 의해 그 호미에 대한 가치와 가격이 올라간다고 하더라도 10년간 3,650개밖에 만들지 못한다. 많이 빠르게 만들어서 다소 가격이 내려가더라도 전 세계에 하루에 3,650개 이상씩 팔 수 있는 양산 솔루션과 품질관리 시스템을 갖추게 되면 제품의 가치에 더해 브랜드 가치가 함께 성장해서 폭발성장을 할 수 있게 된다.

조직을 구축했을 때 처음에는 서로 뭉치고 집중해야 강해진다. 하지만 조직이 성장하면서는 흩어지고 분산해서 스케일업을 할 수 있어야 한다. 스케일업은 상상력과 고효율을 곱해서 만들어진다.

Career Path **사업개발자의**
　　　　　　　　역량

비즈니스 디벨로퍼는 해외나 외국계 기업에서는 한국보다 일찍 조직 내 주요한 역할을 하는 포지션으로 자리 잡았으며, 최근에는 점차 한국의 대기업이나 스타트업 등의 채용공고에서도 자주 볼 수 있게 되었다. 주요하게는 조직 내 역량을 분석하고 사업 환경의 변화를 예측해서 새로운 기회를 전략적으로 발굴 및 창출하는 등의 일을 한다. 사업개발 포지션의 채용공고의 사례에서 볼 수 있는 수행업무와 자격요건은 다음과 같다.

전력발전 사업개발
- 국내외 사업기회 발굴
- 수익성 있는 사업모델 및 업체 발굴
- 발전사업의 타당성과 리스크 분석
- 자금조달

- 시장 분석
- 사업성 평가
- 기술 타당성 분석
- 컨셉 페이퍼 작성
- 프로젝트 평가
- 개발 프로세스 정립
- 위험 평가
- 파트너 선정
- 사업구조 및 계약 협상
- 입찰 관리
- 인허가
- 지역 선정
- 그리드 실행가능성 분석
- 환경 및 사회적 영향 분석
- 전력 구매 계약
- 건축 등 인허가 자문
- 사업 관리
- 파트너 관리
- 재무 자문
- 부채 및 자본 구조
- EPC 및 O&M 소싱
- 프로젝트 계약 협상

- 지역 조달 계획
- 재무 위험 평가
- 브리지론 자문
- 프로젝트 파이낸싱 자문
- 엔지니어링
- 품질 관리
- 시운전
- 성능 모니터링
- 운영 및 유지보수 활동
- EPC & O&M 계약 관리
- 이해관계자 관리
- 투자 및 매각 의사결정
- 수익 최적화

제약 사업개발

- 수행업무
  - 신약개발/제약사업의 사업개발 업무
  - Portfolio 강화를 위한 사업개발전략 수립 및 추진
  - Global Partnering 및 Global Deal 체결
  - Pipeline Evaluation : Licensing In 수행을 위한 Pipe-line/Product 평가
  - Global/Regional Market Analysis/Product Commer-

cial Analysis

- 신약개발 Business의 전반적인 사업개발 업무 수행
- Commercial Analysis 및 시장과 제품 분석

· **자격요건**

- 생명과학, 화학, 약학 등 Life Science 전공자
- CNS 및 Oncology 연구개발 유경험자 및 MBA 우대
- 업무 경력 : Global Licensing In/Out 업무 수행 경험, Commercial Analysis
- Very Fluent in Business English : 협상 및 KoL 인터뷰 가능 수준의 영어

IP 콘텐츠 사업개발

· **수행업무**

- IP 기반 일본, 미국 콘텐츠 사업개발
- 권역별 콘텐츠 사업모델 분석에 의한 자사전략 수립
- 타깃/지역별 콘텐츠 트렌드 분석 및 타깃전략 수립
- 글로벌 공동 사업모델 개발 및 실행
- 글로벌 파트너 발굴 및 협업 방안 모색
- 양사 공동 사업에 의한 IP 육성 모델 개발
- IP 외부 세일즈 및 방송/엔터 IP 소싱 관리
- IP 라이선스 기반 콘텐츠 제작
- 방송/엔터 IP 소싱 및 커뮤니케이션 관리

· 자격요건

  - IP 기반 콘텐츠 사업개발 경력 3년 이상

  - IP 사업전략 기획/운영 등에 대한 이해도 및 노하우

  - 글로벌 권역별 콘텐츠(애니메이션 등) 트렌드 및 IP 산업
    구조에 대한 이해도

  - 커뮤니케이션, 기획력, 도전, 창의력, 분석력

· 우대사항

  - 사업전략/기획 업무 경력

  - 콘텐츠 투자/펀드 운영 경력

  - IP 계약 관리 및 라이선스 관리 경력

  - 비즈니스가 가능한 수준의 일본어 역량

해외여행 사업개발

· 수행업무

  - 국내/해외 Travel 및 Hospitality 산업에 대한 시장 조사
    및 사업기회 발굴

  - Travel 및 Hospitality 산업과 연계된 신규 사업기획 및 개발

  - 국내외 전략적 파트너십 체결 및 제휴사업 전개

자동차 사업개발

· 수행업무

  - 신사업 발굴 및 기획

안주와 불안에서 벗어나라 **비즈니스 디벨로퍼**

- 상용차 및 관련 인프라 등 미래 신사업 분야 사업모델 기획
- 사업모델의 구체화 및 사업개발 관련 제반 업무
- J/V, 전략적 투자, 지역별 추진 계획(대정부간 협상 등) 등 구체적 실행 업무
- 신사업 동향 분석/센싱
- 경쟁업체 및 유관 스타트업 등 사업 관점 동향 분석 및 벤치마킹
- 신사업 관련 현황 분석 및 사업적 매력도 & 시너지 효과 검토
- 전사 추진 신사업 관련 선행 검토
- 전사 차원 추진 신사업 프로젝트의 유관 부문 간 협업 코디네이션 및 타당성 검토

에너지 사업개발

· 수행직무
- 사업기획
- 성장동력발굴
- 사업성분석
- 신규사업진출
- 기업인수합병
- 전략수립 및 추진
- 해외기업 파트너십 및 계약
- 지분참여 추진

- 신재생에너지 사업환경 분석 및 리스크 검토
- 자금 조달 및 신재생에너지 사업 추진

한편, 비즈니스 디벨로퍼에게 요구되는 주요 자질 중에는 다음과 같은 것들이 있다.

· 의사소통 & 대인관계 능력 Communication & Interpersonal Skills
· 협상 & 설득력 Negotiation & Persuasion skills
· 프로젝트 관리 능력 Project Management Skills
· 전략적 분석 능력 Strategic analysis skills

Check 투자자 입장에서의 사업타당성

사업타당성은 하고 있는 사업을 가장 잘 아는 사업자 관점에서도 중요하지만, 투자자 입장에서 객관적인 시각을 통해 보다 정확한 분석을 할 수 있다. 사업자와 투자자 입장에서 사업을 계획하고 투자 타당성을 검토하기 위해서 살펴보는 내용은 다음과 같다.

사업계획서

- 사업 개요 Business Introduction
- 제품 및 서비스 개요 Product or Service
- 구현 기술 Technology
- 시장 환경 Market Environment
- 경쟁 환경 Competition
- 산업 구조 및 현황 Industry
- 비즈니스 모델 Business Model
- 마케팅 및 영업전략 Market and Sales Strategy
- 생산운영 요구사항 Production Operations Requirements
- 규제 및 환경 이슈 Regulations and Environmental Issues
- 주요 위험 요소들 Critical Risk Factors
- 재무 예측 Financial Prediction
- 결론 Conclusion

IM Information Memorandum 투자 제안서

투자 제안회사 및 사업에 대한 간단명료한 소개서로 주요 목차는 다음과 같다.

- 투자 제안사항 요약
- 산업소개
- 회사소개

· 사업소개

· 운영 현황

· 제품 및 서비스 설명

· 영업 및 마케팅전략

· 구매처 및 고객 현황

· 주요 재무 현황

· 향후 추정사업계획

IR용 사업계획서 주요 목차

· 회사소개

　– 일반 현황, 주요 연혁, 조직구성 및 핵심인력, 주주구성,
　　사업제휴 현황

· 사업소개

　– 사업분야, 보유기술, 주요 제품, 사업구도, 시장 현황 및
　　전망, 경쟁사 및 거래처

· 사업전략

　– 기술개발전략, 제품개발전략, 사업확장전략, SWOT전략,
　　마케팅전략

· 운영계획

　– 생산설비계획, 인력충원계획, 영업 및 판매계획, 사업추
　　진일정

· 재무계획
  - 수익구조, 재무 현황, 자금소요 및 조달, 손익추정, 투자
    모멘트, 투자 제안
· 첨부서류
  - 지적재산권, 계약 및 협약, 인증 및 수상, 제품 및 생산현
    황, 홍보자료

투자 기관의 주요 투자 심사항목

· 경영진 및 인력구성
  - 대표이사 경력, 주요 경영진 및 개발인력, 비즈니스 네트
    워크, 기타 주요 인력
· 시장성
  - 시장 규모 및 성장률, 시장 기회 및 마케팅 역량, 진입장
    벽, 가격경쟁력, 확장성
· 기술성
  - 기술의 독창성, 지적재산권, 기술 및 사업화 단계, 제품
    성능 및 특성
· 재무 및 수익성
  - 매출실적 및 이익률, 향후 매출계획 및 영업 현황, 필요
    자금 및 용도
· 리스크
  - 재무적 리스크, 법적 리스크, 사업 리스크

· 투자 조건
  – 투자금 회수시기, 투자금 회수방법, 예상수익률

텀시트 ^{Term Shert}(주요 거래조건서)

텀시트는 확정 계약을 하기 전에 투자자와 피투자자가 원하는 조건을 기재해서 상호 조건을 협상하기 위한 기초 문서이며 작성목록은 다음과 같다.

· 계약당사자 : 투자자, 투자 대상기업, 이해관계인
· 투자 형태
· 투자 금액
· 투자 조건
· 경영에 대한 협의 및 동의사항, 보고의무
· 기타 조건

나아가라

준비를 갖추고 있는 사람에게는 행운이 따른다.

- 제임스 엘투처(James Altucher) -

Center Forward 헛발질
하라

축구에서 그라운드 최전방의 중앙에서 뛰는 선수를 센터 포워드Centre-forward라고 한다. 주로 골을 넣는 스트라이커 역할이기 때문에 골문 앞에서 골을 넣을 수 있는 결정적인 찬스를 만들어서 슛을 쏘아 골을 만들어내는 것이 역할이다. 혹여 골키퍼와의 일대일 찬스에서 헛발질이라도 하게 되면 응원을 하는 팬들이나 같은 팀원들과 감독들에게 큰 실망감을 주게 된다.

결정적인 순간에 헛발질을 하지 않기 위해서 경기장에 대표 선수로 뛸 수 있도록 선발되는 선수들은 이제까지 수없는 훈련과 헛발질을 해왔다. 어떤 훌륭한 세계적인 축구선수도 공을 처음 발에 대자마자 골을 넣지는 못한다. 오랜 시간 축적된 훈련과 연습경기에서의 헛발질이 있은 후 본경기에서 결정적인 골을 넣게 된다.

헛발질은 도전의 시작이다. 어느 누구도 시작과 과정을 거치지 않고 목적지에 도달할 수는 없다. 다만 헛발질이라는 시행착오에는 그 헛발질의 경험을 통해 다음번에 조금이라도 나아지는 좋은 헛발질이 있는가 하면, 헛발질만 반복되면서 그 경험이 쌓이지 않고 주위에 피해만 입히는 나쁜 헛발질도 있다.

좋은 축구선수가 되기 위해서는 골을 넣는 연습만 하는 것이 아니다. 드리블도 해야 하고 수비도 해야 하며, 어시스트도 잘 해야 한다. 그런 동작들을 잘하기 위해서 달리기도 하고, 순발력 운동도 하고 근육운동도 별도로 한다. 참기 어려운 훈련과 수없는 실수의 반복과 축적을 통해 비로소 뛰어난 수비수들을 제치고 원하는 방향으로 슛을 쏘아 골을 넣는다.

어떤 사람들은 훈련이나 연습경기 없이 인생이나 비즈니스의 본경기장에 서 있는 것처럼 보인다. 공이 내 앞으로 지나가거나 경기 시간이 얼마 남아 있지 않아도 그것을 알아차리지 못하고 멍하니 서 있거나 헛발질을 한다. 생각보다 많지 않은 기회와 시간 가운데 언젠가 공을 자유자재로 차고 나가기 위해서는 그 동작을 할 수 있는 균형 잡힌 자세 및 허벅지와 종아리의 근육이 필요하다. 끝까지 아무 동작도 하지 않을 것이라면 모르지만, 한 번이라도 공을 차려면 허공에 발길질이라도 해보는 도전이 필요하다.

언젠가는 나도 다른 많은 사람들처럼 고속도로 위를 우아하게 드라이브하기 위해서, 처음 운전대를 잡고 중앙선을 밟고 지나가는 것은 운전연습장에서만 허용된다. 만일 꼭 해야만 하는 실수라면 본경기에서는 후반보다는 전반전에 해야 하고, 전반전보다는 연습경기에서 나와야 하고, 연습경기보다는 훈련 때 나와야 한다. 그래서 아름다운 도전은 제대로 된 본경기에서 결정적인 기회를 만나 실력을 발휘하기 위한 과정의 시작이다.

아무리 뛰어난 사업가라 해도 첫 번째 아이디어와 첫 번째 시도한 창업에서 곧바로 큰 성공을 만들어내기는 어렵다. 수없는 시도를 통해 어느 순간 나의 능력을 파악하고 고객과 시장에 대해 충분히 이해하고 성공이라는 목적지에 도달한다. 인생과 비즈니스는 본경기다. 아무것도 남지 않아도 아무런 후회가 없을 수 있는 그런 것이 아니다. 언제까지 관중석에 앉아서 구경만 할 것인가?

Compass 항해의 시작

나침반은 종이, 화약과 함께 중국의 3대 발명품 중의 하나다. 그 원리는 자석을 고정시키지 않고 공간 위에 띄워 놓았을 때, 거대한 자성체인 지구의 자성과 반응해서 N극은 북쪽을, S극은 남쪽을 가리키도록 하는 도구를 만든 것이다. 항해하기 위해서는 지도와 함께 나침반이 필요하다. 아무리 세밀하게 만들어진 지도가 있더라도 방향을 알 수 없다면 원하는 목적지에 도달할 수 없다.

비즈니스에서 조직원들은 리더가 결정하는 항로를 따른다. 리더가 제대로 된 항로의 방향을 정하지 못하고 우왕좌왕하면 그 조직은 무서운 바다 위에서 곧바로 방향을 잃고 어쩔 줄 모르다가 바닷속으로 빠지게 된다. 항해는 바람과 파도를 뚫고 전진하는 것이지만, 항로를 정하는 선장이 없이 선장을 포함한 모든 선원이 노만 열심히 젓는다고 해서 성공적인 항해가 되지는 않는다. 선장은 선원들에게 목적지에 도달할 수 있다는 믿음을 주고 정확한 방향을 제시하는 것이 더 큰 주요 임무다.

경영자들에게 속도와 방향의 둘 중 하나를 고르라면 많은 경영자들이 방향을 고른다. 조금 늦더라도 올바른 방향으로만 갈 수 있다면 목표한 목적지에 도달할 수 있지만, 방향이 가고자 하는 방향에서 몇 도라도 어긋난다면 한참의 시간이 지난 이후에 엉뚱한 곳에 도달해서 오지도 가지도 못하는 상황에 마주할 수 있기 때문이다. 또는 남들이 많이 가지 않는 방향을 설정해서 나만의 길을 만들고, 내가 정한 목적지에 도달할 수 있다면 그 또한 훌륭한 성공이 된다.

운전할 때, 내비게이션이라는 스마트기기의 기능을 통해 GPS - Global Positioning System가 알려주는 방향으로 이동한다. GPS는 24개 이상의 위성으로 이루어진 위성항법시스템이다. 내비게이션에 목적지만 입력해놓으면 한 번도 가보지 않은 모르는 길도 정확히 예정된 시간에 헤매지 않고 도착할 수 있는 시대가 되었다. 앞으로는 자율주행시스템을 통해 직접 운전을 하지 않아도 내

안주와 불안에서 벗어나라 **비즈니스 디벨로퍼**

비게이션에 입력된 목적지에 자율주행차량이 스스로 정확히 예정된 시간에 도착할 것이다. 그 속에는 수많은 센서와 제어장치와 구동장치들이 정확히 제 역할을 하며 작동할 것이다.

하지만 직접 지도나 나침반을 들여다보지 않는 것을 넘어서 운전도 사람이 스스로 하지 않고 자율주행을 하기 위해서는 시스템과 그 속에 내장된 센서와 장치들이 보다 완벽하게 동작해야 한다. 나의 비즈니스가 시스템에 의해 자동적으로 돌아가는 것은 편리할 수는 있지만 경쟁력을 만들어나갈 수는 없다. 바람이 더 세게 불고 파도가 더 높이 치는 험난한 비즈니스 환경에서 항해할 때 지도와 나침반 또는 GPS와 내비게이션의 도움을 받을지라도 원하는 방향을 정확히 설정해서 항해에 임하는 것은 항해자의 몫이다.

Coffee 세계 3대 커피

2023년 세계 커피 시장 규모는 약 214조 원(1,805억 달러)으로 전망되고 있다. 그리고 2022년 기준, 한국의 커피전문점 시장 규모는 약 5조 4,000억 원으로 미국, 중국에 이어 세계 3위 수준이라고 한다. 한국인 성인은 1년간 약 353잔의 커피를 마

시는데, 이는 세계 평균인 130잔 정도와 비교할 때 거의 3배에
달하는 양이다.

커피는 7세기 이전부터 에티오피아의 고지대에서 자생하고
있던 것으로 알려지고 있다. 커피의 유래에 대한 확실한 기록은
없지만, 가장 유력한 설로는 에디오피아의 염소 목동이었던 칼
디Kaldi가 커피 열매를 수도원에 전해서 전파되었다는 설(說)이
다. 칼디는 우연히 염소들이 먹던 열매를 발견해서 열매를 마을
에 가져오는데, 피곤함을 덜어주는 열매의 효능을 알게 되어 마
을의 수도원장에게 열매를 소개했지만, 수도원장은 칼디의 성
격이 급하게 변한 것을 보고, 이것을 신의 저주라고 하면서 화
롯불에 열매를 태워버렸다고 한다.

그런데 불에 타고 있던 열매가 볶아지면서 열매의 향기가 수
도원에 퍼지게 되었고, 수도원에 있던 사람들은 열매의 향에서
퍼진 카페인으로 인해 활발해지는 효능을 느꼈다고 한다. 그때
화롯불에 남아 있던 열매를 건져내어 물이랑 섞어 마시게 된 것
이 커피의 시초였다는 것이다.

커피는 이집트와 예멘으로 전파되어서 종교적 의식에 사용되
기도 하다가 15세기쯤에는 페르시아, 터키, 북아프리카 등으로
전해진 것으로 알려져 있다. 이슬람에서 유럽으로 커피가 퍼진
계기는 오스만 제국이 오스트리아 빈을 침공하면서 커피 열매

가 알려져 들어가게 되었고, 오스트리아에서 커피전문점이 생기기 시작하면서부터라고 한다. 17세기부터는 유럽에서 큰 인기를 얻게 되고 이후 영국을 거쳐서 1700년이 넘어가면서부터 미국에서 아침마다 마시는 음료로 선호하게 된 것이다.

커피가 전 세계 많은 사람들에게 사랑을 받으면서 시장이 성장하고 있는 것은 커피의 맛과 향 그리고 효능에도 이유가 있겠지만, 아프리카를 시작으로 전 세계에 퍼져서 유지되는 데는 상업적인 노력과 마케팅도 충분한 역할을 했다. 세계 3대 커피는 '예멘 모카 마타리', '자메이카 블루마운틴 넘버원', '하와이안 코나 엑스트라 팬시'로 알려져 있다. 그리고 예멘 모카 마타리는 화가 빈센트 반 고흐Vincent van Gogh가 즐겨 먹은 원두로 유명하다. 자메이카 블루마운틴은 1800년대에 유럽 전역을 장악했다가 1900년대 대공황과 공급 과잉이 겹쳐 커피 농장들이 도산했지만, 일본이 1960년대 자메이카 정부에 외환을 지원하고 커피 농가 대부분을 인수해서 최상급 원두 90% 이상을 자국으로 가져가고 나머지 10%를 글로벌 시장에 내놨는데, '영국 여왕이 마신 커피'로 스토리텔링이 되어 인기를 끌었다. 그리고 하와이안 코나 커피는 1800년대에 하와이 오아후섬에서 자란 커피나무가 코나로 옮겨졌는데 이 커피를 맛본 작가 마크 트웨인Mark Twain이 극찬을 하면서 사람들이 좋아하게 되었다.

1999년 이전까지 한국인들은 인스턴트 믹스커피를 마시면서 커피를 즐겼다. 하지만 이후 대형 커피 프랜차이즈들이 한국에 상륙하면서 이제는 나이 성별을 불문하고 많은 사람들이 에스프레소 형태의 커피를 좋아하며 즐기게 되었다. 효능 및 맛, 향과 함께 사람들이 좋아하게 만드는 것은 커피가 만들어내는 분위기와 그 분위기를 내가 좋아하는 사람들이 함께 즐길 수 있기 때문일 것이다.

Cholesterol 좋은
콜레스테롤

콜레스테롤은 건강을 해치는 나쁜 것으로 주로 알려져 있지만, 사실 몸을 형성하는 세포와 세포막을 구성하는 주요 성분이 되고, 장기의 기능과 상태를 정상으로 유지하는 스테로이드 호르몬을 합성하는 재료이기도 하다. 콜레스테롤은 음식을 통해서도 흡수되지만 우리 몸에서 합성하기도 한다. 콜레스테롤은 세포막을 만들고 유지하는 데 필수적이며, 생리적 온도 범위 내에서 세포막의 유동성을 조절한다. 그리고 세포막 내에서 콜레스테롤은 세포 내 수송, 세포 신호전달, 신경 전도에도 관여한다.

건강검진을 할 때 이상지질혈증이라는 항목이 있는데, 이는 혈중의 LDL콜레스테롤, HDL콜레스테롤, 총콜레스테롤 및 중성지방을 측정하는 항목으로 혈관건강에 매우 중요한 검사다. LDL^{Low Density Lipoprotein}(저밀도)콜레스테롤 안에 들어 있는 콜레스테롤은 혈관 벽으로 들어가 동맥경화증을 유발할 수 있고, HDL^{High Density Lipoprotein}(고밀도) 콜레스테롤은 몸 안 여러 곳의 콜레스테롤을 받아 간으로 보내므로 동맥경화증을 방지하는 효과가 있다. 그래서 흔히 LDL 콜레스테롤은 낮아야 하고 HDL은 높아야 한다고 말하기도 한다. '고지혈증'이란 혈액 속의 지질이 우리 몸에 필요 이상으로 많아지는 상태를 말하며, 지질의 종류인 LDL콜레스테롤이 높은 경우, 중성지방이 높은 경우, HDL콜레스테롤이 낮은 경우 등 비정상적인 상태를 통틀어 '이상지질혈증'이라고 부른다.

혈관에 콜레스테롤이 쌓이면 혈관 벽이 좁아지거나 막혀서 동맥경화증이나 심장질환을 유발할 수 있다. 우리 몸속에 있는 혈관의 전체 길이는 약 12만km로 지구 둘레의 3바퀴나 된다고 하는데, 그 혈관이 어딘가가 좁아지거나 막힌다면 혈액을 통해 영양분이나 산소를 몸속 구석구석 보내기도 힘들어지고, 노폐물을 회수해서 배출해내기도 어려워져서 신체 곳곳의 기능을 떨어뜨리게 된다.

기업경영에 있어서도 조직이 커지고 사업이 다양해지다 보면 불가피하게 나쁜 콜레스테롤이 그 속에 쌓이게 된다. 세포를 만들고 맑은 혈액을 끊임없이 흐르게 하다 보면 그 가운데 뭔가 좁아지고 막히는 것을 통해 문제가 생기고 병에 걸린다. 동맥경화가 생기지 않도록 꾸준한 운동과 건강한 식습관을 가져야 하는 것은 누구나 알고 있지만 그렇게 하는 것이 쉽지 않다. 만일 나쁜 콜레스테롤로 인해 혈관이 좁아지고 있는 것을 알아차렸다면 빠르게 식단을 조절하고 치료를 해서 보다 맑은 혈관을 만들어야 한다. 신사업을 발굴하고 기업을 성장시키는 것은 보다 나은 발전을 하기 위한 것이지, 건강을 해치려고 하는 것이 아니다. 건강한 혈관과 혈액의 흐름을 위해 꾸준한 관리가 필요하다. 세포막을 생성하기 위해 혈관을 막아서는 안 된다.

China 차이나
마케팅

BC 900년경에서 BC 206년까지의 역사를 가지고, 중국 최초의 통일 왕조로 중국을 통치한 것이 중국의 진(秦)이다. 원래 춘추전국시대 국가 중의 하나였던 진나라를 BC 221년에 진시황제가 전국시대로 통일시켰다. 진시황은 만리장성, 아방궁, 진시

황릉, 병마용갱과 같은 대규모 토목공사들을 벌이고 화폐, 도량형 등을 통일하면서 중국을 단일한 문화권으로 만드는 데 큰 기여를 하기도 했다. 군사력에 있어서도 전술, 무기, 운송 등의 다양한 분야에서의 큰 발전을 이루었다.

중국은 세계에서 인구가 가장 많은 국가(약 14억 명)이고, 수출액이 가장 큰 국가(약 2조 6,000억 달러)다. 경제는 물론이고 정치, 문화, 사회 전 분야에 걸쳐서 세계적으로 영향력이 가장 큰 국가 중의 하나다.

상업적으로도 예로부터 세계의 3대 상인으로 '유대 상인', '아라비아 상인' 그리고 '중국 상인'을 꼽았다. 사람들 중에는 중국의 만만디(慢慢的) 성격을 이야기하면서 사업을 할 때 느리고 약속도 잘 안 지키는 것으로 표현하기도 하지만, 중국과 비즈니스를 제대로 경험해본 사람들은 그 빠르고 치밀함에 놀란다.

세계 3대 상인을 표현한 이야기 중에, 아라비아 상인은 '우리 물건이 세상에서 제일 싸다'라고 하면서 물건을 팔고, 유대 상인은 '우리 물건이 세상에서 제일 질이 좋다'라고 하는데, 중국 상인은 '우리 물건이 세상에서 제일 질이 좋고 가격도 싸다'라고 하면서 물건을 판다고 한다. 거래를 성사시키기 위해서 얼마나 공격적이고 끈질기게 비즈니스에 임하는지를 표현한 이야기다.

세계 3대 상인의 특징은 상대적으로 어릴 때부터 장사를 시작한다는 것이다. 중국 속담에 '열세 살까지는 읍내에 있고 열일

곱 살부터는 천하를 누빈다'라는 말이 있다. 그때 가장 중요한 무기로 생각하는 것이 신용과 협동이다. 어렸을 때부터 스스로 무언가를 이루고 그 가운데 신뢰와 협력을 기반으로 해서 오랫동안 유지하도록 하는 것이 그 정신이다.

코트라에서 2021년 중국진출전략으로 발표한 내용을 보면, 코로나 이후 중국은 경기진작 및 내수전환 등 시장 수요를 확대하고 한·중 협력을 강화하는 정책을 가지고 있는 것으로 설명되고 있다. 한국과 중국은 오랜 역사 가운데 좋기도 하고 좋지 않은 관계를 가지기도 하면서 서로에게 영향을 주며 지금에 왔다. 서로 간의 영향을 완전히 끊을 수 있다면 모르겠지만, 그렇지 않다면 상호협력을 하며 모두 상생하려는 입장을 가지고 있다. 중국은 가깝기도 하면서 큰 국가다. 사업개발자들은 분야도 개발하지만 더 크고 새로운 지역에 진출하며 비즈니스를 더 크게 성장시킨다.

Capitalist 벤처캐피털
리스트

사유재산제에 바탕을 두고 이윤 획득을 위해 상품의 생산과 소비가 이루어지는 경제체제를 자본주의라고 한다. 현재 대한

안주와 불안에서 벗어나라 **비즈니스 디벨로퍼**

민국을 비롯한 전 세계 많은 국가들은 자본주의라는 경제체제 아래서 살고 있다.

자본주의에는 비판과 폐해도 있고 다양한 장단점이 존재한다. 경제학자 존 메이너드 케인스^{John Maynard Keynes}는 "자본주의는 성공작이 아니다. 그것은 현명하지도 아름답지도 공정하지도 않으며, 고결하지도 않다. 그것은 우리의 기대에 어긋난다. 요컨대 우리는 그것을 좋아하지 않으며, 이제는 경멸까지 하고 있다. 그러나 그것을 무엇으로 대체하는 것이 좋을까 생각해볼 때 우리는 몹시 당혹스러워 한다"라고 했다. 자본주의 경제는 경제활동이 자유롭고, 사람들이 마음대로 직업을 선택하거나 마음대로 생산을 하며, 원하는 것을 소비할 수 있고, 이윤 획득을 목적으로 자유경쟁이 벌어지기 때문에 사람들은 창의적으로 좋은 상품과 서비스를 풍부하게 저렴한 가격으로 생산하거나 제공할 수 있게 해준다. 이를 통해 자연스럽게 보다 나은 상품이나 서비스가 경쟁적으로 공급되는 결과를 가져다준다.

자본주의의 특징 중에는 자유와 경쟁 그리고 창의적인 도전이 있다. 2000년대 즈음에 대한민국은 벤처붐을 겪었다. 혁신적인 창업생태계 조성을 위해서 다양한 국가차원의 지원을 통해 벤처기업들이 성공을 거두기도 했고 이후 규제도 이루어졌다. 자본주의 내에서 도전을 위한 자금 활동이 필요하고, 벤처창업을 위해서 벤처캐피털이라는 마중물을 통해 혁신적인 산업의 발전에 기여하기도 했다. 현대적 의미의 벤처캐피털 Venture Capital, VC 은 제2차 세계대전 이후 등장했다.

하버드 경영대학원 교수였던 조르주 도리오 Georges Doriot 는 미군의 전시조달을 담당했는데, 1946년 MIT와 함께 보스턴에 ARDC America Research and Development Corporation 를 설립해서, 일반 공모 형식으로는 최초로 조성한 펀드로 신기술 기업에 투자했다. ARDC가 1957년 DEC Digital Equipment Corporation 에 7만 달러를 투자해서 기업가치 3,550만 달러를 달성한 것이 최초의 벤처캐피털 성공사례로 알려지고 있다.

벤처캐피털은 벤처기업에 투자 또는 지원해서 높은 자본이득을 추구하는 금융자본을 말한다. 주로 기술력은 뛰어나지만 경영이나 영업의 노하우 등이 부족한 초창기의 벤처기업을 대상으로 한다. 벤처캐피털은 일자리 창출에도 공헌해서 미국의 경우 GDP의 2%를 차지할 정도다.

스타트업의 구루이자 페이스북 META, 트위터, 에어비앤비, 인스타그램 등에 투자해서 성공한 벤처캐피털 안드레센호로위츠의 공동설립자인 벤 호로위츠 Ben Horowitz 는 그의 책《하드씽》에서 창업과 관리, 확장, 매각, 투자 등 다양한 부분에 대한 경험과 경영전략에 대해 이야기했다. 그 가운데서 반드시 만나게 되는 난제 Hard Thing 를 어떻게 풀어가야 할지에 대해서 설명했다. 행동해야 하고 발상의 전환을 할 수 있어야 한다는 것이다.

지금 두고 있는 판에서 승부가 나지 않고 존립 자체가 위태로운 상황에 빠진다면 이 판을 떠나는 것이 아니라 다른 판을 이 판에 하나 더 가져다 붙이는 등 발상의 전환이 필요하다. 막연히 꿈꾸는 삶과 비즈니스 창업 및 사업개발은 그 가운데로 깊숙이 들어갈수록 장밋빛이 아니다. 상상하지 못할 다양한 난제에 마주하게 된다. 그리고 우리는 늘, 또다시 새로운 답을 찾아 나서야 한다.

Curing 콘크리트 양생

현대를 표현하는 대표적인 단어 중의 하나는 콘크리트다. 100층이 넘는 초고층빌딩은 물론이고, 주택, 도로, 다리, 댐 등 주변의 많은 구조물은 콘크리트로 만들어져 있다. 콘크리트는 시멘트를 결합재로 해서 골재와 골재를 한 덩어리로 만든 것이고, 시멘트는 모래나 돌과 같은 골재를 접착시키는 물질을 말한다. 특히, 콘크리트는 방사능을 통과시키지 않고 막는 특징을 지니고 있어서 원자력발전소에서 원자로를 만들거나 원자력 관련 사고가 발생되었을 때 투하해서 방사능 유출을 막는 용도로도 사용되기도 한다.

콘크리트의 기원은 고대 로마로부터다. 로마인들은 오래전부터 석회와 모래에 물을 혼합한 석회모르타르Lime Mortar를 사용했는데, 석회모르타르는 건조되면 쉽게 부서지는 경향이 있었다. 이후 기원전 2세기경부터 화산회Volcanic Ash를 석회모르타르에 혼합한 포촐라나Pozzolana를 사용했다. 포촐라나는 수경성이 좋아 도로, 성벽, 수로, 주택, 궁전 등 로마 시대의 많은 구조물에 적용되었는데, 대표적인 것이 126년에 완공된 판테온Pan-theon 신전의 돔이다. 이후 1756년 영국의 건축기사 존 스미턴John Smeaton이 점토를 함유한 석회석을 가열해서 수경성 석회를 만들면서 현대 콘크리트의 기초가 열렸다. 1796년에는 영국의 제임스 파커James Parker가 점토질 석회석을 높은 온도에서 구우면 품질이 좋은 시멘트가 된다는 사실을 알아냈다.

콘크리트는 대표적인 단단한 물질의 하나로 불리기도 하지만 원하는 구조물로 완성되기 전까지 너무 무르지도, 너무 딱딱하지도 않은 적절한 작업성을 가져야 하며, 이후 굳은 상태가 되어서는 설계한 강도, 내구성, 수밀성 등을 만족시켜주어야 한다. 이 상태에 이르기까지 적절한 재료 및 배합과정이 제공되어야 하고 이 과정에서 혼합, 운반, 타설, 다짐, 양생 등의 철저한 관리가 필요하다. 그 과정에 대한 관리를 어떻게 했느냐에 따라 압축강도가 크고 내구성이 뛰어난 콘크리트 구조물이 완성된다. 콘크리트의 생명은 시공 후의 양생Curing에 있다고 해도 과언

이 아니므로, 양생은 콘크리트 공사에 중대한 최종작업으로 중요하게 시행된다. 이 과정에서 시멘트의 화학작용이 계속되므로 일광의 직사, 한기, 폭우 등을 피하고 콘크리트의 수화적용 촉진을 위해서 거적이나 포장을 씌워 수일 이상 관리해서 최고의 강도를 만들어낸다.

사업개발을 위해서는 사업타당성이나 시장 분석, 경쟁 분석 등 기획 및 준비단계에서 다양한 과정을 거치지만, 실질적으로 자금이 투입되고 성과물을 만들어내야 하는 과정에서는 치밀한 관리와 시간이 들어야 한다는 것이 반드시 인지되고 실행되어야 한다. 두리뭉실한 아이디어와 평범한 노력으로는 남들과의 경쟁에서 살아남아 만족스러운 딴딴한 성과물을 만들기 어렵다.

Casting 백캐스팅
경영

1976년 미국 물리학자 에이머리 로빈스 Amory Lovins는 '에너지 전략-택하지 않은 길 Energy Strategy-The Road not Taken'이란 글에서 아무도 가보지 못한 두 갈래의 길 중에서 한쪽을 선택할 수밖에 없는 분기점에 대해 이야기했다.

그중 하나는 산업의 발전과 같은 다른 목적을 위해서 환경오염과 관련한 재해를 감수하면서 계속해서 화석연료와 원자력에너지를 사용하는 것과 다른 하나는 풍력과 태양광과 같은 재생에너지를 사용해서 기후변화에 대응하며 탄소중립을 이룰 수 있는 에너지를 사용할 것인가 하는 것이다.

이렇게 아직 오지 않은 미래를 위해 지금 이 순간에 어떤 것을 선택할 것인가 하는 접근법을 백캐스팅Backcasting이라 한다. 이에 반해 쓰이고 있는 에너지 소비량이 얼마고, 앞으로 개인과 산업의 각 부문에서 경제 성장을 위해 필요한 수요와 상황분석을 통해 미래를 예측하는 방식을 포캐스팅Forecasting이라 한다.

비즈니스에서 대개는 매주, 매달, 매년에 대한 단기 및 중장기전략과 비즈니스 계획을 세운다. 이는 어느 정도 예상이 되는 가까운 미래에 대한 목표에 대해 구체적인 실행 계획을 세우는 것이다. 이는 현재 당면한 매출, 품질, 생산, 마케팅 등 전반의 문제에 대한 개선을 통해 사업을 확대 발전시키는 데 적합한 방식이다. 이에 비해 미래에 다가올 환경과 시장을 미래 전망해서 이를 기준으로 해서 역으로 현재에 해나가야 할 전략과 비즈니스 계획을 역으로 만들어 완성시켜나가는 것이 백캐스팅이다. 이러한 방식으로 시장 선도자들은 남들이 가게 될 방식을 미리 예측해서 길목 선점을 하며 이제까지 없던 세상을 만들어간다. 즉, 포캐스팅은 과거의 추이를 반영해서 향후 미래를 전망하는 방식이고, 백캐스팅은 미래시점의 목표달성을 위해 현재 필요한 수단들을 도출하는 방식이다.

예전에 비해 현재는 미래에 대한 설정이 보다 구체적이고 그 미래의 시점이 그리 멀지 않다. 5년, 10년, 30년의 미래로 설정된 모습이 계획보다 빠르게 현실로 다가오고 있다. 최근에 많은 사람의 입에 자연스럽게 오르내리고 있는 자율주행, 탄소중립, 메타버스, 우주여행 등이 그러하며, 보다 다양한 미래 세상이 현실로 다가와 자연스럽게 사람들에게 녹아들 것이다. 이 가운데 이제까지 없던 다양한 기회들이 더 많이 생길 것이다. 이를 위해서 기술, 법률, 시장, 제품, 서비스, 유통 다양한 인프라가 필요한데, 나쁜 소식은 그러한 과정이 생각보다 너무 복잡하고 준비가 덜 되어 있다는 것이고, 좋은 소식은 그 실행에 돌입해서 실무를 하고 있는 사람이나 조직이 많지 않아서 경쟁이 덜하고, 생태계를 갖춰가며 시장을 선도해 나갈 수 있는 기회가 무궁무진하다는 것이다. 비즈니스 디벨로퍼는 이러한 상황 가운데 어떤 기회를 만들어 성과로 창출할 것인가의 분석을 하고 시장에 뛰어들 것인가 하는 의사결정을 주도한다.

메타버스의
시대

메타버스는 '초월'을 뜻하는 'Meta'와 '세상'을 뜻하는 'Verse'
의 합성어다. 인터넷이 사람들이 살아나가는 데 선택이 아닌 필
수가 되어가고 있는 것처럼 메타버스도 그렇게 될 것이다. 지금
은 스마트폰이 없이는 택시를 불러서 타기도 어렵고, 내 통장에
있는 돈을 꺼내서 쓰거나 보내기도 쉽지 않다.

대면미팅이 어려워지면서 화상으로 미팅을 할 수밖에 없는 상
황이 점점 많아지고, 인터넷 인증이라는 절차와 정보공간을 벗
어나서 생활하기 어려워지는 속도가 점점 빨라지고 있다.

기술로는 반도체, 사물인터넷, 5G, 클라우드, 콘텐츠, 모빌리
티 등 4차 산업혁명 요소기술들이 종합적으로 융합해서 만들
어질 것이고, 사용될 분야로는 콘텐츠, 엔터테인먼트, 예술, 방
송, 스포츠, 문화 등은 물론이고 정치, 경제, 사회, 교육, 에너지,
운송 등 전 공공 및 산업 분야에 영향을 미치며 발전할 것이다.

IT와 인터넷이 발전하면서 은행이나 우체국 등 당연히 있어야
만 할 것처럼 여겨졌던 건물이나 사무실의 형태가 없어지거나
다른 용도로 바뀌고 있듯이 메타버스가 발전하면서 또 다른 건
물이나 사무실이 더욱 빠르게 없어지거나 다른 목적으로 사용
될 것이다. 메타버스에 올라타느냐, 올라타지 못하느냐에 따라
기업들은 향후의 운명을 달리할 수 있다.

카카오kakao의 김범수는 부자의 대명사로 불리는 삼성의 이재용을 제치고, 2021년 대한민국 최고의 부자가 된 적이 있다. 카카오의 사명은 원래 카카오 열매를 뜻하는 cacao라고 지었는데, 카카오의 영문 도메인을 누군가 이미 사용하고 있어서 cacao의 독일식 발음인 kakao를 사용했다고 한다. 이것은 코카콜라Coca-Cola의 Cola도 원래 Kola 열매를 사용하기는 하지만 브랜드 이름에 두 개의 'C'가 어울린다는 생각에서 Coca-Cola로 이름 지은 것과도 유사하다.

블룸버그는 2021년 7월 29일, 억만장자 지수Billionaires Index를 통해 김범수가 134억 달러(약 15조 4,000억 원)의 순자산으로 121억 달러(약 13조 9,000억 원)의 이재용을 제치고 국내 1위에 올랐다고 발표했다. 몇 개월이 지나 다시 1위 자리를 내어주기는 했지만, 당시 블룸버그는 김범수가 "수십 년 된 대기업들이 지배하는 한국에서 자수성가한 정보기술IT 기업이 최고 부자가 될 수 있다는 것을 보여주는 사례"라고 했고, 또한 기업공개IPO의 힘을 보여주는 사례라고도 했다. 김범수는 어린 시절 여덟 가족과 단칸방에 살며 어렵게 살았으나, 대학을 졸업하고 '한게임'을 창업했고, 이후 카카오톡 메신저를 출시해 지금의 성공에 이르렀다.

많은 사람들이 카카오는 앞으로 더욱 큰 성장을 할 것으로 예상하고 있다. 그 성장을 위해서 플랫폼, 포탈, 모빌리티, 페이 등이 기여할 것이고, 그 모든 것들이 통합적으로 다다르는 목적지 중의 하나가 메타버스가 될 것으로 보인다. 이제까지는 법률적

규제와 지역적 제한에 부딪혀 닫힌 서비스와 사업확장을 했다면 앞으로는 보다 공격적이고 도전적인 시도가 이어질 것이다.

Climb 가까운 산꼭대기에 올라라

지난 시간을 돌이켜 볼 때, 지금의 결과를 이룬 시작과 과정은 남들과 큰 차이가 없어 보일 때가 많다. 아무것도 아닌 사소한 선택과 방향설정을 통해 지금 현재의 모습이 만들어진 것이다.

더 나은 삶과 성장을 위해서 사람들은 더 큰 목표를 세우고, 높고 먼 그곳을 내다본다. 하지만 그곳에 다다르기 위해서 거쳐 나가야 할, 가까운 곳에 있는 작은 산의 꼭대기도 오르지 못하는 경우가 많다. 많은 정답은 내 주변에 있다. 내가 아는 가까운 곳부터 정복해 나가야 한다. 그리고 작은 산의 꼭대기에 올라서 그 느낌과 맛을 아는 사람들이 높은 산의 꼭대기에 오를 수 있다.

산의 높이도 중요하지만 나의 능력도 중요하다. 운동을 열심히 해서 체력을 기른 사람이나, 운동이라고는 숨쉬기 운동밖에 안하는 사람도 의지와 욕심을 가지고 산의 중턱까지는 오를 수 있다. 하지만 9부 능선을 지나 산꼭대기에 도달하기 직전에 포기를 하거나 좌절을 하는 사람이나 기업들을 흔히 볼 수 있다. 내가 가진 역량, 내가 가진 자원, 버틸 수 있는 힘과 시간에 대한 계산이 되어야 하고, 그 계산된 수치가 낮든 높든 간에 산의 꼭대기에 올라 그 산을 정복할 수 있는 정도가 되어야 한다. 그렇지 못하면 헤매다가 끝난다. 참는 것과 끈기의 차이는 참는 것은 지금 있는 곳의 땅바닥에 주저앉아서 참을 수도 있지만, 끈기는 산을 꾸준히 오르며 인내하는 것이다.

산은 오른 만큼 보인다. 그만큼 안목을 높이고 가치를 보다 정확히 알 수 있게 된다. 그리고 더 높은 산을 오른 만큼 더 넓은 세상을 볼 수 있다. 그것이 최대한 실수를 줄이고 나의 것을 잃지 않으며 성장하는 지름길이다. 산을 잘 아는 산악인들은 아무리 낮은 산이라도 무시하거나 방심하지 않는다. 일반인들이 간편한 운동화를 신고 산행에 임할 때, 전문 산악인들은 오히려 등산화를 신고 등산용 스틱을 짚으며 산에 오른다. 왜냐면 자기 자신을 단단히 믿고 주위 환경이 내가 충분히 헤쳐나갈 수 있을 만큼 완벽하다고 느끼는 순간, 자칫 작은 실수가 큰 화를 부를 수 있다는 것을 그들은 이미 경험을 통해서 알고 있기 때문이다.

어떤 길도 완벽하게 보장되고 안전한 탄탄대로는 없다. 뭐가 언제 어떻게 튀어나올 줄 모르는 험난한 길이 삶이며 사업경영이다. 꿈을 꾸는 사람이 꿈을 이룰 수 있다. 무언가를 하는 사람이 무언가를 이룰 수 있다. 작고 가까운 산을 하나씩 정복해 나가다 보면 어느 순간 큰 산꼭대기에 도달해 있는 자기 자신을 발견할 수 있다.

Chorus 라데츠키 행진곡

어린 시절 생각나는 추억 중의 하나는 초등학교 운동회 장면이다. 들뜬 마음에 아침에 눈을 뜨고 체육복을 입고 파란색 또는 하얀색의 모자와 머리띠를 쓰고 학교 운동장에 들어서면 '빠라밤 빰빰 빠라 빠라빠라밤~' 하면서 커다란 스피커를 통해 동네가 쩌렁쩌렁 울릴 만큼 웅장하게 행진곡이 울려 퍼지고 있었다. 그 행진곡이 오스트리아 요한 스트라우스 1세Johann Strauss I의 '라데츠키 행진곡Radetzky Marsch'이라는 것을 나중에 커서 알게 되었다.

이 곡은 힘차고 경쾌한 느낌 때문인지 세계 각국에서 큰 행사의 축하곡으로 많이 들을 수 있는 곡이다. 오스트리아에서는 매년 1월 1일에 빈Wien에서 열리는 신년음악회에서 단골 앙콜곡으로 연주되고 있다. 특히 이 곡은 조용해야만 할 것 같은 대형 연주장에서 관객들과 박수로 소통할 수 있는 곳으로도 유명하다.

카라얀Karajan과 같은 유명한 지휘자가 빈 필하모닉Vienna Philharmonic에서 라데츠키 행진곡을 연주하는 영상을 보면, 모든 관객이 활짝 웃으면서 즐겁게 박수를 치면서 공연에 동참해서 즐기는 모습을 볼 수 있다. 때로는 우아하게 때로는 활기차게 그리고 갑자기 소리를 줄이는 것 같다가 다시 웅장하게 연주하며 연주장의 모든 사람들과 교감하며 즐거워한다.

　비즈니스도 오케스트라 연주처럼 한 명의 지휘자 또는 지휘자와 연주자의 연주만을 통해 이루어진다고 볼 수 없다. 연주를 듣는 관객과 소통할 수 있다면 그 연주곡의 가치는 훨씬 배가 되듯이 비즈니스도 그 가치를 전달받을 고객과의 가치에 교감과 소통이 중요하다. 아무리 훌륭한 음악이거나 아무리 훌륭한 연주일지라도 지휘자와 연주자의 것으로만은 부족하듯이 아무리 내 기술과 서비스가 우수하고 훌륭할지라도 고객이 써주지 않고 알아주지 않는다면 그것을 고객의 탓으로 돌릴 수 없다. 물론 그것은 시대나 환경의 문제일 수도 있지만, 시장과 소통하지 못한 데서 그 원인을 찾아야 한다.

　여러 사람이 함께 부르는 합창은 어우러진다는 의미가 포함되어 있다. 어우러질 때 더 큰 아름다움을 만든다. 여전히 소수의 천재들이 의해 세상이 바뀌고 있는 것으로 보여지기도 하지만, 그 속에는 수많은 어울림이 함께하고 있다. 합창이나 오케스트라처럼 그 어울림을 위해 누군가는 지휘하고, 누군가는 연주하고, 누군가는 박수를 치며 즐거워한다.

에필로그

배는 항구에 있을 때 안전하다.
하지만 그것이 배의 존재 이유는 아니다.

− 괴테(Johann Wolfgang von Goethe) −

세상을 바꾸는 힘

아는 것이 많거나 힘이 센 사람이 세상을 바꾸는 것이 아니다. 항상 새로운 것에 관심을 가지고 도전하는 사람들이 세상을 바꾼다. 예를 들어, 과일박사가 있다고 하면 과일박사는 과일의 성분과 종류 또는 재배에 대해서 오랫동안 공부해서 과일에 관한 한 모든 것을 잘 알고 있는 사람일 것이다. 하지만 과일을 팔거나 과일을 통한 새로운 시장을 만드는 것은 다른 일이다. 새로운 과일을 만들어서 세상을 바꿀 수도 있지만, 새로운 시장을 만들어서 시장을 바꿀 수도 있다.

과일박사가 과일 자체를 연구한다면, 과일을 팔고 과일을 통한 시장을 만드는 사람들은 과일 자체보다 과일을 원하는 고객을 연구한다. 고객이 원하는 모양, 고객이 원하는 색깔, 고객이 원하는 가격, 고객이 원하는 시기를 연구해서 가장 적절한 때에 적절하게 과일을 고객에게 공급한다. 과일 자체도 중요하고 과일 시장도 중요하다. 비즈니스 디벨로퍼는 고객과 시장이 원하는 좀 더 가치 있는 것을 공급할 수 있어야 한다.

오늘 계란 하나를 가지는 것보다
내일 암탉 한 마리를 가지는 쪽이 낫다.

- 토마스 플러(Thomas Fuller) -

시간의 함수

만일 '10억 원과 1년' 그리고 '10년과 1억 원' 중에서 하나만 골라야 한다면 무엇을 고를 것인가? 무엇을 고를지는 사람마다 다를 것이다. 그리고 언제 어떤 상황에서 결정하느냐에 따라서도 답은 달라질 것이다. 다만, 눈앞의 이익보다는 미래의 가치를 시간을 두고 기다리는 것이 더 높은 가치를 얻을 수 있다.

시간에 끌려다니지 않고 시간을 지배하며 살아나가야 한다. 눈코 뜰 새 없이 사는 사람은 시간을 지배하며 산다기보다는 시간에 끌려가는 사람이다. 어느 순간 정신을 차렸을 때, 지나간 시간을 후회하게 된다. 열정적으로 집중하는 시간을 보내더라도 시간을 여유 있게 보내며 생각을 하고, 다음을 구상하는 시스템을 구축할 수 있어야 한다.

젊은 사람들은 바빠서 시간이 없다고 하고, 나이 든 사람은 지난 시간을 후회해서 시간이 부족하다고 한다. 하지만 젊은 사람들은 아직 남은 시간이 많아서 가치 있게 활용할 수 있는 많은 시간을 자산으로 가지고 있고, 나이 든 사람들은 이미 직접 움직이지 않아도 자동적으로 돌아가는 시스템을 구축해놓았기 때문에 여유 있는 시간을 보낼 수 있다.

우리는 인생과 비즈니스라는 경기장에 서 있다. 어떤 사람은 전반전을 시작하고, 어떤 사람은 종료시간을 얼마 남기지 않았다. 그리고 어떤 사람은 경기장 바닥에서 발을 떼지도 않았고, 어떤 사람은 골을 여러 번 넣었다. 경기장에서 경기에 참여하는 것은 삶을 사는 것과 비슷하다. 인생을 살아가는 것과 비즈니스를 경영한다는 것은 대단한 일이다. 그리고 잘 산다는 것과 비즈니스를 잘 경영한다는 것은 위대한 일이다. 그 시작은 도전과 변화다. 도전과 변화를 위해서는 안주와 불안에서 벗어나야 한다.

탐욕과 공포에서 벗어나라.
관행과 관습에서 벗어나라.
경계와 포기에서 벗어나라.
중간과 중앙에서 벗어나라.
도취와 고민에서 벗어나라.
타성과 관중에서 벗어나라.
안주와 고집에서 벗어나라.

(개정판)

안주와 불안에서 벗어나라

비즈니스 디벨로퍼

제1판 1쇄 2022년 2월 15일
제2판 1쇄 2023년 4월 20일

지은이 구정웅
펴낸이 한성주
펴낸곳 ㈜두드림미디어
책임편집 이향선, 배성분
디자인 디자인 뜰채 apexmino@hanmail.net

㈜두드림미디어

등   록 2015년 3월 25일(제2022-000009호)
주   소 서울시 강서구 공항대로 219, 620호, 621호
전   화 02)333-3577
팩   스 02)6455-3477
이메일 dodreamedia@naver.com(원고 투고 및 출판 관련 문의)
카   페 https://cafe.naver.com/dodreamedia

ISBN   979-11-982681-0-5 (03320)